非遗文化传承与发展研究

周之润 李 霞 桂峰兰 ◎著

中国书籍出版社
China Book Press

图书在版编目（CIP）数据

非遗文化传承与发展研究 / 周之润, 李霞, 桂峰兰著. -- 北京：中国书籍出版社, 2024.1
ISBN 978-7-5068-9574-3

Ⅰ.①非… Ⅱ.①周… ②李… ③桂… Ⅲ.①非物质文化遗产—研究—中国 Ⅳ.① G122

中国国家版本馆 CIP 数据核字 (2023) 第 177792 号

非遗文化传承与发展研究
周之润　李　霞　桂峰兰　著

图书策划	邹　浩	
责任编辑	毕　磊	
责任印制	孙马飞　马　芝	
封面设计	博健文化	
出版发行	中国书籍出版社	
地　　址	北京市丰台区三路居路 97 号（邮编：100073）	
电　　话	（010）52257143（总编室）　　（010）52257140（发行部）	
电子邮箱	eo@chinabp.com.cn	
经　　销	全国新华书店	
印　　厂	北京四海锦诚印刷技术有限公司	
开　　本	710 毫米 ×1000 毫米　1/16	
印　　张	11	
字　　数	206 千字	
版　　次	2024 年 1 月第 1 版	
印　　次	2024 年 1 月第 1 次印刷	
书　　号	ISBN 978-7-5068-9574-3	
定　　价	68.00 元	

版权所有　翻印必究

前　言

非遗文化传承与发展研究旨在理解非遗文化的价值、意义和影响，并探索如何有效地传承与发展非遗文化，推动非遗文化与现代社会相结合，促进非遗文化的发展与创新，使其在当代社会中焕发新的生命力。

基于此，本书以"非遗文化传承与发展研究"为题，首先阐述非遗文化的概念，内容包括文化与非遗文化、非遗文化的特点与类型、非遗文化的价值；其次解读非遗文化的保护建设与规划，内容涉及非遗文化的保护原则、非遗文化的系统性保护建设、非遗文化的场地性保护实践、非遗文化的传承人保护工作、非遗文化的未来保护规划；再次论述非遗文化的区域传承实践，内容涵盖非遗文化的区域传承环境、非遗文化的区域文化生态特征、非遗文化的区域保护强化策略、非遗文化的区域教育传承实践；接着探讨非遗文化的新媒体传播发展，内容包括非遗文化的纪录片影像传播、非遗文化的短视频时尚传播、非遗文化的网络直播平台传播；然后研究非遗文化与旅游的融合发展与品牌建设，内容涉及非遗文化与旅游产业的融合发展、非遗文化的文旅资源开发、非遗文化的文创产品设计、非遗文化的品牌化建设；最后探索非遗文化的数字化发展与技术应用，内容涵盖非遗文化的数字化发展必要性、非遗文化的数字化保护标准与机制、非遗文化的数字化技术体系、非遗文化的数字库建设、非遗文化的沉浸式应用。

本书撰写力争结构完整，覆盖范围广泛，层次清晰，与时俱进，满足读者多样化的需求。该书适用于广大从事非遗文化传承与发展的专业人员、高校师生以及相关知识爱好者阅读，具有一定的参考价值。

笔者在写作过程中，获得了一些专家和学者的真诚帮助与实际指导，在此表示衷心的感谢。由于笔者的能力有限，加之时间紧迫，书中可能存在一些遗漏之处，希望读者们能够提供宝贵的意见和建议，以便进一步的修订与完善。

目　录

第一章　非遗文化的概述 … 1

- 第一节　文化与非遗文化 … 1
- 第二节　非遗文化的特点与类型 … 6
- 第三节　非遗文化的价值 … 11

第二章　非遗文化的保护建设与规划 … 15

- 第一节　非遗文化的保护原则 … 15
- 第二节　非遗文化的系统性保护建设 … 20
- 第三节　非遗文化的场地性保护实践 … 30
- 第四节　非遗文化的传承人保护工作 … 37
- 第五节　非遗文化的未来保护规划 … 45

第三章　非遗文化的区域传承实践 … 47

- 第一节　非遗文化的区域传承环境 … 47
- 第二节　非遗文化的区域文化生态特征 … 51
- 第三节　非遗文化的区域保护强化策略 … 56
- 第四节　非遗文化的区域教育传承实践 … 63

第四章　非遗文化的新媒体传播发展 … 76

- 第一节　非遗文化的纪录片影像传播 … 76
- 第二节　非遗文化的短视频时尚传播 … 83

第三节　非遗文化的网络直播平台传播 ·················· 97

第五章　非遗文化与旅游的融合发展与品牌建设 ················ 110

　　第一节　非遗文化与旅游产业的融合发展 ·················· 110

　　第二节　非遗文化的文旅资源开发 ······················ 116

　　第三节　非遗文化的文创产品设计 ······················ 121

　　第四节　非遗文化的品牌化建设 ······················· 133

第六章　非遗文化的数字化发展与技术应用 ··················· 143

　　第一节　非遗文化的数字化发展必要性 ··················· 143

　　第二节　非遗文化的数字化保护标准与机制 ················· 145

　　第三节　非遗文化的数字化技术体系 ···················· 151

　　第四节　非遗文化的数字库建设 ······················· 153

　　第五节　非遗文化的沉浸式应用 ······················· 156

参考文献 ··································· 166

第一章 非遗文化的概述

第一节 文化与非遗文化

一、文化

(一) 文化的特征与类型

1. 文化的特征

(1) 文化的社会历史性。文化的根本属性和特点是社会历史性。文化存在于特定的社会历史环境，是对特定社会历史条件和状况的反映和认识。同时，文化发展是一个受客观规律支配的历史发展过程，在继承历史与开拓创新的同时，文化获得自身长远发展。物质生活对精神生活与社会生活制约，主要表现为社会生产方式会影响具有社会存在属性的个体思想意识。特定社会历史条件决定文化实质，经济基础决定上层建筑。文化是一种特殊的上层建筑，也是由经济基础所决定，是为特定利益群体所服务。

(2) 文化与人的主体性。人的主体性决定文化的主体性。人是文化的创造者和主体，文化创造的过程，实质是主体客体化和客体主体化的辩证统一。能够参与各项实践活动的社会主体，也是文化发展的构成主体。文化实践活动的发展，与人的主体性密不可分。能够促进文化实践活动发展的主体个性，也和客体相互作用对应的自主创造性有着显著差异。

(3) 文化的创造性与塑造性。创造性是文化的核心特点，文化创新依赖于创造性人才。所以，人们在进行文化创新过程中，需要注意对人才积累与培训，只有社会中存在足够人才，才能促进文化事业发展。为了更好地发展社会主义文化，需要注意对人才的培养与积累。

(4) 文化的系统性与发展性。文化系统性体现出的特点有整体性、交流性以及传播性等。文化是以系统方式出现。文化系统指若干相互联系、相互作用、相互影响的文化要素所构成具有一定层次结构并发挥文化功能的有机整体。随着经济全球化发展，不同地区与国家之间的文化在相互沟通、融合，不同文化在相互碰撞与整合。在这个过程中，人们既要坚持民族文化特色和社会主义文化本质，同时人们也应该放眼全球，紧跟时代和世界文化发展潮流，学习其他国家文化，扬长避短，让中国文化建设更全面。

2. 文化的构成

文化根据结构或自身逻辑，可以分为物质文化、制度文化、行为文化、精神文化等。

（1）物质文化。物质文化是文化的基础构成，是文化中活跃程度最高的因素。物质文化是人类认识自然、利用自然、改造自然的效果呈现，人类为了自身生存与发展，必须满足衣、食、住、行等方面的基本生活需要。为了实现这方面目标，个体需要运用劳动工具发挥自身工艺技术，从而影响、改变甚至改造传统物质文化原初形态。在人类漫长进化历程中，利用自然资源谋取个体生存与发展条件，并将自然环境转化为丰富的物质文化，创造出层出不穷的物质文化产品，这一切正是物质文化起源与诞生的典型镜像。我国传统农业社会形成的复杂宗法关系，围绕年龄、辈分与职业，形成群体中不同个体在衣、食、住、行等方面的差异化规则。

（2）精神文化。精神文化是文化整体核心，是在人类长期有意识的社会实践活动中形成的总体社会心理意识，并具体表现为特定民族的道德情操、价值观念、思维方式、审美趣味、性格特点和民族情感等。

精神文化可以具体划分为两个层次：①社会意识。社会意识主要指社会心理系统加工后的主要成果，既表现为思想、观念与信仰的定性归纳，又表现为社会存在的深刻反映与物化展示。②社会心理。社会心理指受物质文化影响以及制度文化约束，与行为文化具有互融、互相作用与联系，并且零散存在的大众心理。文学作品的艺术风格与思想内容，必然反映作品诞生时代的精神文化。

（3）制度文化。制度文化是指一个社会或组织中的制度安排、组织结构、法律规范等方面的文化构成。这包括政治制度、经济制度、教育制度、社会组织形式等。制度文化对于社会的稳定和运行起着至关重要的作用。社会活动的参与者，必须妥善调节各种人际关系，由此形成社会成员普遍遵守并且共同认可的行为规程与办事准则，是社会正常运转所需的制度。人类在社会实践过程中，会制定婚姻家庭成员认可的法律制度，以及社会成员应该遵守其他经济制度等理念规范和行为准则。具有主观意识的个体以社会实践为经验总结基础，创造出来的客观制度，对社会成员思想与行为产生制约效力。由此可知，文化系统中权威性最强的文化种类，是规定文化整体性质的制度文化。

(4) 行为文化。行为文化是指一个社会或群体的日常行为模式、习惯和社交礼仪等方面的文化构成。这包括人们的社交习惯、礼仪规范、传统习俗、聚会方式等。行为文化可以看作是人们在日常生活中所表现出来的文化特征。人类久经社会实践的历练，形成复杂的人际关系，以及约定俗成的交往习惯，这种在日常生活中以风俗习惯形式出现的、具有鲜明时代特征和民族特征的行为模式，就是行为文化。

约束社会成员个体行为的制度规范，既可能是暴力他律、有形并且强制性特点鲜明的物质实体，也可能是自律非物质性、毫无强制色彩的无形精神与内在良知，包含价值、道德与审美观念在内的行为文化。由于受到传统观念长期浸染以及外来文化深刻影响，会跟随物质文化进步与发展以及精神文化转变与更新不断发生变化。因此，时代特征的显著行为文化具有与时俱进、常变常新的发展特点。

总体来说，分属于文化结构中不同层次的物质文化、精神文化、制度文化与行为文化，虽然各具特点，但却形成和谐融洽的有机整体，这些文化层次之间既相互联系，又具有显著差别，互依共存、相互制约、互相渗透地共同推动文化发展。

（二）文化的功能

文化的功能是潜移默化的，具体内容如下。

1. 认知与价值功能

独特的文化对应独特思维，在漫长的进化中人们形成相对稳定的思维方式和习惯，并继续流传。因此，赋予文化强大认知功能。现代的人类可以学习古今中外文化，通过各种知识提高自身能力，甚至有的人在学习前人知识后创造新的文化、新的历史。文化的更迭给人们带来新的认知。拥有千年发展历史的我国传统文化，对于现当代人类正在发挥重要价值认知功能。

文化是社会价值选择判断的指针。任何社会形态的文化，既有社会价值支撑，也蕴含社会价值判断，以维护社会稳定并引导其持续发展。在特定的社会环境下，人们通过接受各种形式主流价值观的教育教化，调整自身观念和行为，从而形成自身独特的行为方式和价值判断。

2. 服务与传播功能

文化的存在和发展是对现实社会状况的真实反映，同时具有对特定社会服务的功能。文化的性质决定文化服务方向。文化具有生命力，随着人类自身活动不断传播、更新，文化传播在世界发展过程中起到巨大作用，文化传播和交流是文化发展的基本动力。人类的语言是文化传播的重要手段。语言的出现是人类文明发展中的里程碑，有了语言，人类可以通过这一种表达传播文化。如中国丝绸之路，打破国界限制，各国文化在丝绸之路交融，是人类历史上最重要的文化交流。

3. 凝聚与创造功能

文化的发展过程是不断创新创造的过程。文化发展包括：社会制度、人们的信仰、科技等，这些都是人类在现有文化中创新创造出来的，所以，文化具有强大的创造力。文化的创新，也是人类得以繁荣延续的根本。人类发展到现在早已不再是简单地追求遮羞防寒，而是含有许多文化精神。不同国家和民族的服饰已成为特色文化的象征，寓意独特的文化精神和价值理念。

中国特色社会主义文化建设是一个传承与创新过程，不仅继承和发展中华民族优秀的传统文化基因和内核，还需要放眼全球、推陈出新。在正确认识和处理文化传承与创新基础上，中国特色社会主义文化才得以繁荣发展。

二、非遗文化

非遗文化是指非物质的文化传统和表现形式，主要包括口头传统、造型艺术、表演艺术、社会实践、仪式、节庆、手工艺等。非遗文化强调的是传统文化的传承和保护，它是一种活的、传承的文化遗产。

非物质文化遗产是由联合国教科文组织于 2003 年开始实施的一个项目，旨在保护人类的非物质文化遗产，以保护人类文化多样性与代际公平。这些非物质文化遗产是指具有文化、传统、历史和社会意义的活动和实践，是人类文化多样性的重要组成部分。这些非物质文化遗产有可能面临失传的危险，因此需要采取措施来保护和传承。

总之，非遗文化是广义的概念，包括了所有的非物质文化遗产在内。而狭义的非物质文化遗产是具体由联合国教科文组织认定（列入名录）并进行保护的非物质文化遗产项目，强调的是具有特定文化价值和历史意义的非物质文化遗产。

三、文化与非遗文化的联系

（一）共性

第一，文化价值。文化与非遗文化都承载着一定的历史和文化价值，是人类智慧和创造的结晶。它们都代表了特定时代、地域和社群的认知、观念和生活方式，是传承和传播文明的重要载体。

第二，传承与发展。无论是文化还是非遗文化，都需要通过代际传承和持续发展，才能保持其活力和意义。这涉及社会的努力，包括政府、教育机构、社群和个人的共同参与。

第三，文化多样性。文化与非遗文化都体现了人类社会的多样性。不同地域和民族的文化及非遗文化展现了各自的独特特点，丰富了人类文明的面貌。

第四，跨越时空。文化与非遗文化都能跨越时空的限制，通过传承与交流，在不同的时代和地域得到传播和发展。

（二）区别

第一，定义。文化是一个广泛的概念，包括了社会、宗教、价值观、语言、习俗等方面。而非遗文化是指非物质文化遗产，强调的是具有特定传承性和传统性的文化元素，如传统工艺、口述表述、造型艺术、表演艺术等。

第二，传承方式。文化传承可以通过书籍、媒体等多种形式进行，而非遗文化的传承则更依赖于口耳相传、师徒传承等方式。

第三，知名度与保护程度。文化具有普遍性，为人们所熟知。非遗文化往往更具局部性和特殊性，可能只在特定地区或社群中传承。因此，非遗文化在全球范围内的认可和保护面临更大的挑战。

第四，损失风险。由于文化的广泛性，某些文化元素可能相对较容易得以保存。而非遗文化则更容易因社会变迁、人口减少、技艺衰退等原因而面临失传的风险，因此更需要得到特别的保护和传承。

四、非遗文化促进文化自信

文化自信是指国家、民族对于自身文化始终保持肯定、认可的态度。"文化自信事关国家和民族发展，是中华民族走向伟大复兴的内驱动力。"[1] 文化自信是对中国特色社会主义文化的肯定和坚守，其得以自尊、自觉、自信、自立、自强，根源在于其历史积淀坚实、所受滋养丰富、精神力量持久，价值根基深厚。

第一，非遗文化为文化自信提供了源泉。在中华优秀传统文化庞大的体系中，非遗文化与其他优秀文化共同促成了中国特色社会主义文化的形成。继承和保护非遗文化，会使

---

[1] 夏雨. 当代中国文化自信的来源与发展——评《当代中国文化自信研究论纲》[J]. 中国教育学刊，2023，(05)：154.

我们文化基础更牢固、文化底蕴更深厚、文化血脉更坚韧，为文化自信构筑更强大的基础，所以，优秀的非遗文化也是文化自信的源泉之一。

第二，非遗文化促进了文化自觉。非遗文化的传承就是一种文化自觉，弘扬非遗文化，一方面可以更好地对本民族文化进行保护，另一方面则能在接收西方外来文化的同时对本民族的文化产生自觉认知，在保护、传承、发扬本土的非遗文化中形成文化自信，弘扬非遗文化对促进文化自觉、重拾文化自信产生一定的积极作用。

第三，非遗文化滋养着社会主义核心价值观。非遗文化是优秀传统文化的组成部分，对社会主义核心价值观有重要滋养作用，共同构筑中国特色社会主义先进文化。它提供了社会主义核心价值观文化萃取平台，体现了社会主义制度的思想规定性。非遗文化推动社会主义核心价值观的践行，融合了国家、社会、公民的价值要求，继承中华传统文化并吸收世界文明成果。我国对非遗文化的保护实践内化了价值认同，并在日常生活中体现，促进了社会主义核心价值观的传承与提升。

第四，非遗文化推动了传统文化与现代文化的融合。随着文化全球化进程的加快，我国加入了非遗文化的保护行列，不断加大非遗文化的保护力度，但在非遗文化保护的实践过程中，人们对非遗文化的内涵也具有了更加深刻的理解，对非遗文化的魅力有了更清晰的认识，非遗文化不仅有过辉煌，也有过灾难，但经过时间的洗礼和考验直至今天依然生生不息，一方面体现了非遗文化中所包含的中华优秀传统文化的优越性。另一方面也说明了非遗文化在传承和演变之中与现代文化相互融合，使之更加适应时代的发展、更加符合人们时代发展的审美标准。非遗文化更加适应时代发展的需要，推动了传统文化与现代文化的融合。

第二节　非遗文化的特点与类型

一、非遗文化的特点

（一）传承恒定性

传承恒定性是指非遗文化在被人类以团体或者个人的形式不断传承与发展的过程。非遗文化中的传承性是由其自身的本质所决定的。传承性是人类所有遗产的共同特征，非遗文化也是一样的。非遗文化的存在与发展是通过将物质作为载体实现的。非遗文化的特殊性在于它是通过人们的传承，人们之间进行精神层面的交流。人们对非遗文化的传承主要是通过人的行为实现的。因此，作为传承人，需要不断地掌握文化知识，改变自己的观念。这种知识观念也是非遗文化与传承之间存在的必然联系。

非遗文化的传承是需要人们一代代地传承下去的，具有鲜明的民族特征，因此，传承人的选择需要与被选择者之间保持着亲密的关系。通过语言及文化传播等方式，能够使这些知识技能传到下一代。正是这种传承的模式，才能够确保非遗文化的传承能够永不停止。这些传承的行为使非遗文化成为历史发展的见证者。

（二）活态流变性

非遗文化在传播过程中是通过有意识地进行学习，再由他人进行指导，或者通过人们之间自发地进行交流学习互动，从而使文化遗产能够传播到各个国家及民族中。这种传播的形式能够使其活态流变的性质呈现出来，并且能够使非遗文化得到共享，这也是非遗文化与物质文化遗产的重要区别之一。

非遗文化的传播方式则是一种活态流变，是一种继承和变异一致与差别的辩证结合。非遗文化重视人的价值及动态和精神等因素，并且十分重视技术的精湛及创造力，非遗文化所呈现出的民族情感和表达方式，最终体现出了这一民族自身的情感表达，即传统文化内容和思维方式等。非遗文化虽然具有物质的因素与载体，但是实际上的价值需要通过物质的形态才能表现出来，因此它是属于人类的活动范畴之内的，需要借助人类的精湛技艺及科技力量，才能够实现发展与传承。

非遗文化的表现和传承是通过人们的行为及语言表现的，都属于动态的过程。针对非遗文化的类型来分析，传统音乐和舞蹈及戏剧表演等艺术形式都是在动态的行为中才能够表现出来的，民俗及节庆等一些仪式的表现也是动态的过程，器物及物品的制作技术也是在人类动态的表现中完成的。总而言之，特定的价值观及生存的状态都是由非物质文化的活态流变特征进行体现。

（三）民族性

民族性是指在非遗文化中的某一个民族独有的特征体现，包括这一民族的思维模式及智力表现、世界观、人生观及价值观，审美能力及情感表达等。特定的民族特征会出现在形式及内容的各个方面中。从民族自身的形式特征来看，民族的服饰、饮食、风俗、语言等都会受到自然环境的影响。

世界观、人民信仰、思维方式和价值观等一些民族文化内容、心理结构、生活方式都是由民族在长期的发展过程中不断地积累而形成的。其在人们实际生活中和行为处事上都具有明确的体现，并且是很难得到改变的一种形式，稳定性极强。实际上，民族特征的表达方式及内容都会在民族的非遗文化的形态上，具有明显的表现。

（四）地域性

地域性是指非遗文化在一定区域内产生、流传、发展，或者同一种非遗文化在不同区域有着区域间各不相同的演化。地域性既体现又强化了非遗文化的民族性。非遗文化是经历了各时代传承并逐渐演化而来，必然与它存在的地域有着千丝万缕的关系。同一种非遗文化，在不同的文化背景下有着不同的面貌，传播到不同地区、不同种族会产生变化和发展，并深深打上该地区的烙印。

（五）多元性

多元性指的就是非遗文化的实际存在形态。不同的非遗文化具有不同的形态体现。非遗文化是人类发展过程中留下的精神财富，并且体现出了不同的地区和民族的群体特征及人们的精神发展过程，在不同的时期，不同的地点及不同的民族，非遗文化都会呈现出不同的形态。

二、非遗文化的类型

（一）心授非遗文化

心授非遗文化是指主要通过人的观念潜移默化地表达或传承的文化遗产。心授非遗文化是观念、信仰、心理等抽象的精神文化，如民间信仰、民族心理、传统节日等。

（二）口述非遗文化

口述非遗文化是指以口述形式创造和传承的人类遗产，即通过人的说、吟、唱等表达和传承的人声文化遗产，如口语、说书、相声、山歌等。口述非遗文化具有一定体系性，从口述遗产的功能看，口述非遗文化体系由口述文艺遗产与口头语言遗产两部分组成。

1. 口述文艺遗产

口述文艺遗产是指人类在生产或生活实践中通过口述形式创造和传承的具有艺术审美特性的文化遗产。口述文艺遗产类型如下。

（1）口头文学遗产。口头文学遗产，主要指通过口述语言形式塑造文学艺术形象反映现实或表达情感的文化遗产，如神话、民间传说、传统故事、传统歌谣、民族史诗等。口头文学遗产往往具有以下特点：①采用纯粹口述形式创造和传承，即徒口讲说吟诵，不外带音乐、舞蹈、图像等视听形式；②通过叙事或抒情来塑造文学形象，具有文学感染力；③多为群体或集体创造和世代传承，具有群体性、历史性。

（2）口头技艺遗产。口头技艺遗产，主要是指人采用独特的发声技巧模仿自然界或人类社会中的各种声音而创造、传承的人声遗产，这种遗产侧重展示人类利用自己的发音器官模仿外界声音的技巧和能力。口技是口头技艺遗产的主要代表，又叫"像生"或"象声"，即以口音模仿各种人声、鸟声等。

（3）口头文学与口头技艺双重遗产。口头文学与口头技艺双重遗产，是指既强调人声发声技艺，又重视通过口述语言塑造艺术形象的文化遗产，如相声、说话等。相声由口技发展而来，在仿声技艺基础上融入了文学与表演成分。说话是在民间故事基础上发展起来的，到唐代介入书面创作后出现了"话本"，形态也丰富起来。

（4）徒口音乐遗产。徒口音乐遗产，主要是指人徒口创造或传承的具有旋律的人声文化遗产，强调人声的旋律性和节奏感。民歌是徒口音乐遗产的代表，有山歌、渔歌、花儿、号子等多种叫法，是特定民族、区域、行业的人在生产、生活或民俗活动中创造和传承的音乐性人声文化遗产。民歌按功能分，可分为劳动歌、生活歌、仪式歌等类型。劳动歌主要是指人们在生产劳动过程中用来表情达意的歌曲；生活歌主要是指人们在社会生活中形成歌曲；仪式歌主要是指人们在各种生产、生活、民俗仪式活动中演唱的歌曲。徒口音乐遗产即无伴奏的人唱艺术，主要源头有三：①口头语言和诗歌，它们的节奏、韵律具有音乐性；②人体的节奏感和节奏音响，如呼吸、说话、劳动等节奏性；③传情达意时的手势语、呼喊声、仿声等，奠定了口头歌唱的"歌唱"或"出声"的生理基础及物理条件。

2. 口头语言遗产

语言是人类区别于动物的一个重要标志，口头语言遗产是指某一民族或地区的人世代通过口述形式传承的语言，如各民族口语、方言口语等。口头语言遗产与人类在生产、生活实践中使用的手势语、旗语、拟声、仿声、信号、记号和文字等语言形态一样，是人类传情达意的手段、工具。口语有两个重要特征：高度发达的记忆功能，忠实于事实具体细节的信念，二者互为因果。口头语言文化遗产是人类发生学研究的重要资料。

（三）身传非遗文化

身传非遗文化是指人通过自身身体的局部或整体运动来创造或传承的技艺性文化遗

产。身传非遗文化则是一种人体动态遗产，遗产的文化意义蕴含在人体的运动中，是一种空间的视觉文化。根据身体运动的形式和效果来分，身传非遗文化可以分为行为技艺遗产与形体技艺遗产两大类。

1. 行为技艺遗产

行为技艺遗产是指人通过自身行为改变对象原有形态而创造、表达和传承的文化遗产。行为技艺遗产与形体技艺遗产有共同点：①二者都是技艺遗产，技艺是其遗产的核心；②二者的创造、表达与传承都离不开人体运动，是身传遗产。行为技艺遗产主要依靠人体运动所作用的对象状态来表现，是对象的空间状态和意义表达。

行为技艺遗产的类型如下。

（1）艺术技艺遗产。艺术技艺遗产指人作用于对象的技艺性行为以生产艺术或艺术产品为目的，如传统的器乐演奏技艺等。

（2）生产技艺遗产。生产技艺遗产指人作用于对象的技艺性行为以生产农业或工业产品为目的，如农业耕作技艺、渔业生产技艺、纺织技艺等。

（3）生活技艺遗产。生活技艺遗产指人作用于对象的技艺性行为以生活或生活产品为目的，如传统烹调技艺、传统刺绣技艺等。

（4）民俗技艺遗产。民俗技艺遗产指人作用于对象的技艺性行为以民俗活动或民俗产品为目的，如飘色绑扎技艺、祭祀活动技艺等。

（5）其他技艺遗产。其他技艺遗产指人作用于对象的技艺性行为以生产、艺术和民俗之外的需求为目的，如中医的针灸、推拿技艺等。

2. 形体技艺遗产

人类的直立行走、手的动作与手势，身体的曲直扭动、体态体势语言等是形体技艺遗产形成和发展的基础，人类生产、生活的功利性需求与娱乐、审美的非功利性需求分化则是形体技艺遗产分化为形体艺术与形体竞技的内在动力。形体技艺遗产是指人类在生产、生活实践中逐步形成的以人体自身运动形态来创造、表达和传承的文化遗产。

（1）形体艺术遗产。形体艺术遗产是指人借改变身体状态来叙事抒情、表达意志，满足人类娱乐、审美等非功利性需求为目的的身体运动技艺，形体的空间造型与艺术表达是形体艺术遗产的核心。

（2）形体竞技遗产。形体竞技遗产是指借改变身体状态以满足人类竞技等功利性需求目的的身体运动技艺。其核心是展示人体运动的特技、力量、灵巧。传统杂技、传统武术与传统体育等是形体竞技遗产的代表。

（四）综合性非遗文化

综合性非遗文化是指通过两种或两种以上方式创造、表达、传承的非遗文化。综合性非遗文化的类型包括：①口述与心授并重的非遗文化，如各种讲唱表演；②口述与身传并重的非遗文化，如说演表演①、伴乐演唱；③身传与心授并重的非遗文化，如伴乐舞蹈、仪式舞蹈等；④口述、身传、心授并重的非遗文化，如传统戏剧表演，传统融歌、舞、仪式等为一体的民俗活动等。

第三节 非遗文化的价值

非遗文化是人类在发展过程中逐渐创造出的美，对人们而言，具有重要的价值意义。

一、非遗文化的社会和谐文化价值

社会的和谐价值是非遗文化的价值体现。非遗文化在社会中的价值主要体现在以下几方面。

第一，人们是群居性的社会化动物，因此，每一个人都要有一个适应和融入社会的过程。个体逐渐融入社会中，达到和谐的状态，就能够使鲜活且具有价值的非遗文化受到社会的认同，不断地促进社会和谐发展。并且，非遗文化中的一些传统的文化内容，能够直接反映出人们的生活方式及价值观取向，从而产生强大的民族凝聚力，使民族之间能够互相认同。

第二，我们需要大力地倡导传统的道德品质，并且鼓励人们形成良好的美德，而非遗文化当中，就有许多伦理道德资源值得学习。因此，在保护与传承非遗文化的过程中，需要不断地弘扬正能量的伦理道德内容，这将有利于加强我国当今社会的建设。

第三，文化的国际交流能够促进文化的不断发展与完善，对非遗文化而言也是一样的。因此，需要我们不断地发挥非遗文化的国际交往的促进作用，通过与一些保护非遗文化的机构合作实现保护，并且不断促进非遗文化的发展与地区的稳定和谐发展。通过对非遗文化的保护工作，还可以建立起互助的国际技术及财务机制，使国际社会能够履行自身的义务。因此，非遗文化具有重要的社会意义，能够促进国家对外交流的开展更加顺利，

---

① 说书、相声、平书等。

使民族之间的沟通更加顺畅。

二、非遗文化的经济价值

非遗文化一般情况下是无法直接体现出自身价值的，通常需要文化价值来体现，经济价值会随着文化价值的增长而增长。非遗文化的实际经济价值是其他一切价值体现的基础。在我国社会主义经济高速发展的现阶段，非遗文化的经济价值已经受到人们的重视。很多非遗文化都在不断地把文化资源转变为文化生产力，最终带来实际的经济效益，使更多的资金能够投入到非遗文化的保护工作中，实现其发展。因此，对非遗文化，既要保护还要发展，以保护带动其发展，以发展促进保护工作。

经济开发的价值是在市场的经济环境下及消费社会作用下对非遗文化的一种重要的价值体现，也是对非遗文化的价值运用。非遗文化的主要经济价值表现在以下几方面。

第一，非遗的经济开发能够有效地促进非遗文化所在地的经济发展，使其财政收入得以增加，然后这些地区就能够加大对非遗文化保护工作的资金投入，使宣传工作更加专注，从而为非遗文化的传承人提供更好的创新条件及传承保护的环境，并且能够帮助传承人具有更好的生活条件，使其能够更加专心地对非遗文化的保护工作与传承工作进行研究。一些国家逐渐意识到不论是有形文化遗产还是无形文化遗产，都要在确保文化遗产能够不被破坏的前提下，进入市场，通过市场行为，使其自身的价值得到开发，并且能够对非遗文化进行保护。这种模式能够形成文化保护与经济发展的双重进步。除了对文化生态及多样性的保护之外，这些具有自身独特魅力的非遗文化还能够促进地区的文化旅游业的蓬勃发展，并且带来经济收入。

第二，较为丰富的民族文化遗产及一些传统的文化资源能够促进非遗文化成为我国的文化优势。比如非遗文化中的一些民俗文化资源就是十分重要的旅游资源。在对非遗文化的原生态保护过程中，还要具有一定的经济意识，以发展的眼光去看待文化内容。加强自身产业化发展的思路，通过科学的定位及制定出合理的营销策略，集中培养一批具有自身优势的文化品牌，使文化优势能够逐渐地转化为经济优势，从而实现对非遗文化的经济开发，提升其实际价值。

我国是一个历史悠久的国家，因此，各个地区需要根据自身的实际情况，对一些非遗文化加以利用，大力开发旅游业，促进旅游业的发展，最终实现社会效益与经济效益双重发展。通过将非遗文化和当地的旅游业结合在一起，能够有效地提升当地的非遗文化的经济价值，并且能够帮助当地的旅游业更好地发展，促进地区整体综合实力的提升。

三、非遗文化的历史传承价值

"非遗文化是各族人民在历史发展进程中凝结的文化财富，是优秀传统文化的代表，具有极为丰厚的内涵和传承价值。"[①] 非遗文化的价值核心与准则就是历史传承价值。对过去的灿烂历史进行传承的非遗文化是人类发展历史的结晶，也是对民族特色的综合，具有十分重要的历史价值，能够帮助人们更好地认识、了解历史。非遗文化和人类发展中存在的遗址一样，都需要在特定的环境下及历史背景下才能产生。非遗文化能够使我们更好地了解到历史过程中人类的生产结构及生产力的发展水平和民俗文化等。

非遗文化的历史传承价值主要表现在以下两个方面。

第一，非遗文化是一个个体或者群体创造出来的，面向社会不断流传下来的瑰宝，并且反映出了这一时期人们的期望，是对某一时期的社会形态及人们思想的表达。因此，非遗文化能够良好地反映出人们的集体生活，并且能够使现代的人们掌握历史中人们的文化生活及成果，所以具有无法替代的历史价值。更重要的是，非遗文化是对历史中的民间及活态历史文化价值的体现，能够对典籍上的不足或者遗漏问题进行补充，促进人们更加全面地接近历史文化，认识历史文化。不断地加强对非遗文化的历史传承价值的重视性，促进文化多样性发展，加强对文化多样性的保护，使非遗文化的保护工作能够更加高效地开展。

第二，非遗文化中包含的民族文化的精神特质，在人民长期的生产劳动及生活实践中，形成了民族精神，是我国源远流长历史中留下的民族文化的精髓。而想要更好地对非遗文化进行保护，就要通过各种载体的运用，使民族精神文化能够传播到每一个人的心中，不断加深人们对民族文化的认知，最终造就出一个具有个性的崇高民族精神的伟大民族。

总之，站在历史的角度进行分析，非遗文化是在历史发展不同阶段对精华的沉淀，并且对某一地区的文化进行了充分的展示。通过多方面的对非遗文化的传承与研究，人们可以更加真实而又全面地对历史文化进行了解。

四、非遗文化的审美艺术价值

非遗文化在形成成品后，大量存在于艺术表演及手工艺品等形式中，并且具有较高的美学价值和艺术价值，是人们研究艺术审美的重要资源。艺术审美的价值能够直接决定非

---

① 刘畅. 乡村振兴视域下音乐类非遗文化的活态传承研究 [J]. 山东农业工程学院学报, 2023, 40 (03): 101.

遗文化价值体系的实际价值取向。非遗文化的主要审美价值在以下几方面。

第一，非遗文化中有许多惊为天人的艺术形式，其中无与伦比的艺术技艺及独特的艺术形式，能够深深地打动人们的心灵。并且通过了解这些非遗文化艺术作品，我们可以对历史中的一些事件及历史中人们实际的生活状态，不同人群的生活习惯进行充分的了解，感受到当时人们的思想情感及艺术创作方式上的特征与成就。

第二，非遗文化中存在着大量的文化艺术创作素材，为现阶段新的文化创作提供源源不竭的动力，并且当代许多优秀文艺作品都是源于此。现代的很多影视及小说、戏剧、舞蹈等一些优秀的文艺作品也对非遗文化的审美进行了再造，并且充分利用其审美价值，不仅在口头文学、民间文学及表演艺术上体现了审美价值，甚至在民间的一些风俗文化和服饰礼仪等方面，也都有所涉及。

五、非遗文化的科学认识价值

科学价值是非遗文化价值中十分重要的元素之一，并且相较于物质文化遗产，具有更加深层次的及跨领域的科学性。非遗文化的科学价值主要体现在：①可以对历史上不同阶段的生产力及实际的生产情况进行反映与保存，从而加深人们对历史的认知水平，并且了解历史中人们的创造能力与科技发展能力。②一些非遗文化其自身具有较高的科学含量。

非遗文化的科学认识价值主要表现在：①非遗文化是历史的产物，能够对历史上不同时期的生产力实际发展情况、科学技术的发展情况和人们的创造能力、认知水平进行反映与储存。同时在不同民族的非遗文化中，存在对历史中人们的思想认知水准、生活态度以及实际的科学发展、风俗信仰等历史社会内容进行了保存，所以还是具有一定的科学认知的研究价值。②非遗文化中的科学认识价值，还包括非遗文化自身具有的科学内容。非遗文化的数目很多，种类也很多，并且其中包含着大量的信息，除了上述几种文化价值以外，还有很多其他价值，形成了多元化全方位的价值体系。对非遗文化重要价值的了解，能够使人们形成文化自信，并且自觉形成可持续发展的和谐架构，另一方面来说，对非遗文化的科技含量的认知及保护能够实现对非遗文化的传承与创新。

第二章　非遗文化的保护建设与规划

第一节　非遗文化的保护原则

非遗文化能够直接反映一个国家和人民对自身的认同及被世界认同的程度，但是想要更好地将对非遗文化的保护变为现实，并且产生良好的效果，绝不是可以轻易实现的。因此，在保护非遗文化的时候，需要遵循一些科学的原则。

一、以人为本原则

非遗文化保护的以人为本原则是指在保护非物质文化遗产的过程中，将人的需求、权益和利益置于首要位置，将人作为保护工作的核心和最终受益者。这一原则强调非遗文化保护应当以满足人们的文化需求、提高生活质量和增进福祉为出发点和归宿。在非遗文化保护工作中，要坚持以人为本的原则，才能更好地展示出我国丰富多彩的民族文化，并且使其得以保存。

第一，满足民众的各种物质文化需求。满足民众的各种物质文化需求是保护工作的根本出发点和最终落脚点。在非遗文化的保护过程中，需要遵循以人为本的原则，将其作为出发点，满足人民大众的各种物质文化需求，从而调动人们对非遗文化保护的积极性，并且在过程中要认真听取人们对保护非遗文化的意见，兼顾到各方的利益。与此同时，在社会中能够营造出一个良好的保护氛围，让人们能够真正地从内心意识到非遗文化的重要性，并且与自己的生活息息相关，才能使保护工作成为人们心中自愿开展的工作，从而实现更好的保护效果。

第二，对非遗文化传承人实施全方位保护。在非遗文化的表现形式的最大的特点就是非物质，由于非物质文化通常是通过技术及知识的形式，存在于继承者的脑海中，因此我们需要加强对非遗文化传承人的保护工作，防止非遗文化消失。不断地鼓励传承人收徒授业，确保非遗文化能够后继有人，不断发展，防止在社会不断发展过程中非遗文化的失传。所以非遗文化的保护工作最重要的就是对传承人的保护。

总之，坚持以人民为中心。尊重民族传统和风俗习惯，尊重人民群众的主体地位和创造性表达权利，推动非遗文化融入人民群众生产生活，让人民参与保护传承，让保护成果为人民共享，不断增强人民群众的认同感、参与感、获得感，铸牢中华民族共同体意识。

二、整体性原则

非遗文化保护的整体性原则是指在保护非物质文化遗产的过程中，注重从综合性、可持续性、社区参与、文化多样性、传承与创新以及系统性思维等角度来考虑和处理，以确保非遗文化元素在现代社会中得以全面保护和传承，同时与社会、环境和经济等方面相协调，促进非遗文化的持续存在和发展。这一原则强调了保护工作的全面性，防止单一保护措施造成的割裂和片面性，同时鼓励非遗文化传统与现代社会的融合和创新，使其能够适应时代的发展和变化。对非遗文化的保护和运用是一个涉及较广并且工作很难的综合性工作，其中规划和利用是十分重要的问题。因此，为了能够更好地保护非遗文化，就需要坚持整体性的原则，整体性保护原则要从宏观和微观两个角度分析。

第一，宏观角度是指对非遗文化整体生存空间的系统保护。所有的事物都是在特定环境中产生的，非遗文化也一样。①尽快制定出保护的措施，不同地区要根据自身的分布情况制定出良好的保护措施，并且要明确自身的保护目标，形成点面结合的非遗文化保护系统。②尽快形成保护体系，在整体性及系统化的原则下，通过不断地渗透及合理的布局加强管理，从而形成有序的保护方式，克服出现盲目性与局限性导致的非遗文化保护问题。

第二，微观角度是指对非遗文化本身的整体保护。非遗文化中包含众多的技艺与技能，因此保护工作要相对具有完善的程序。①社区参与。非遗文化的保护不仅仅是政府的责任，社区的积极参与至关重要。社区成员应该参与决策过程，共同制定保护措施，并参与相关活动和传承工作。②传承者培养。要保护非遗文化，必须培养和支持新一代传承者。传承者应该得到适当的培训和指导，让他们具备传承非遗文化技艺和知识的能力。③文化交流与传播。促进非遗文化的传播和交流，让更多的人了解和认识非遗文化的价值和意义。这可以通过展览、演出、数字媒体等方式来实现。

三、优先性原则

非遗文化保护的优先性原则是指在文化保护工作中，对非物质文化遗产的保护、传承和发展赋予优先重要性。这意味着在有限的资源和时间内，非遗文化保护应当优先考虑，确保其在其他需求和利益之前得到妥善关注和落实。

优先性原则在非遗文化保护中体现在以下几方面。

第一，资源优先。确保非遗文化保护能够获得充足的资金、技术、人力等资源，以支持其保护和传承工作。

第二，政策优先。制定和推行有利于非遗文化保护的政策和法规，以提供法律依据和政策支持。

第三，教育优先。将非遗文化纳入教育体系，加强非遗文化的传承和培养传承人的工作。

第四，研究优先。加强对非遗文化的研究和调查工作，深入了解其历史、内涵和价值，为保护工作提供理论指导。

第五，紧急救护优先。对于濒临消失、面临严重危机的非遗文化项目，采取紧急救护措施，确保其及时得到保护和挽救。

第六，意识普及优先。加强公众对非遗文化保护的认知和意识，提高其在社会中的价值和地位。

总之，非遗文化的保护，在我国需要根据实际情况，不可能将所有的非遗文化都被完善保护。所以在非遗文化保护工作中，优先性原则确保非遗文化保护得到充分关注和重视，避免因其他利益和需求的竞争而导致非遗文化被忽视和遗失。

四、循序渐进性原则

非遗文化遍布我国众多地区，因此要坚持循序渐进的原则，做好持久性的保护工作。非遗文化保护的循序渐进性原则是指在保护非物质文化遗产的过程中，采取渐进的步骤和措施，循序渐进地推进保护工作，逐步实现非遗文化的保护目标。这一原则强调保护工作的有序性和可持续性，避免急功近利和过度干预，使保护工作能够更加稳妥地进行。

循序渐进性原则在非遗文化保护中体现在以下几方面。

第一，资源和能力逐步增强。根据保护的实际情况，逐步提升投入的资源和能力。保护工作通常需要资金、人力、技术等方面的支持，可以在不同阶段逐步增加这些资源的投入，以保证工作的连续性和有效性。

第二，优先保护濒临消失的项目。将那些面临严重危机和濒临消失的非遗文化项目放在优先保护的位置。这些项目可能需要紧急救护措施，确保其传承不断断续续。

第三，逐步建立保护机制和政策。建立健全非遗文化保护的法律法规和政策措施，逐步形成完善的保护机制。保护工作应该有明确的长期规划和目标，持续推进。

第四，社区参与的递进。社区居民在非遗文化保护中的参与可以逐步加深。初始阶段可以开展宣传和教育活动，逐渐引导社区居民参与实际保护行动，形成持久的保护意识。

第五，保护与传承并重。非遗文化保护旨在保护传统文化，但也要注重传承和发展。保护的过程中要注意传承人的培养和非遗文化技艺的传承。

循序渐进性原则使得非遗文化保护工作能够在有条不紊情况下逐步推进，适应不同的地域和文化背景，确保保护措施的有效性和持续性。这样能够更好地实现非遗文化的保护和传承，促进传统文化的传承与发展。

五、具体问题具体分析原则

非遗文化保护的具体问题具体分析原则是指在进行非物质文化遗产保护工作时，需要根据具体的情况和实际问题进行详细的分析和研究，制定针对性的保护措施和计划。这一原则强调非遗文化保护工作不能一概而论，而是要根据每个非遗文化项目的特点、背景和所面临的困境，进行个别化、具体化的分析和解决方案。因为我国的非遗文化数量很多，而且形态和风格各异，所以需要在保护工作中，对具体的问题具体分析，要有针对性地开展保护工作。

第一，根据本地区的政治经济发展状况进行保护工作。非遗文化具有地区性特征，要根据所在地区的实际政治经济发展情况的不同，决定非遗文化保护工作中实际需要开展的措施，制定出更加高效有力的保护措施。但是要结合当地的经济水平，科学地进行规划，避免盲目地对项目进行开发和利用。

第二，根据不同地区、不同民族文化进行保护工作。非遗文化的另一个特征就是多元性，这是由它的本质决定的。非遗文化是人们千百年来传承下来的精神财富，体现着不同地区及不同民族人们的信仰和变化发展过程。所以在保护工作中，要考虑不同地区的人力、物力、财力及社会发展等多个方面因素，从实际出发，对具体的问题进行具体分析，坚持原则，因地制宜地制定符合当地发展情况的保护措施。

六、多方参与原则

非遗文化保护的多方参与原则是指在非物质文化遗产的保护过程中，鼓励和促进各方参与者的积极参与和合作。在对非遗文化的保护过程中，政府要发挥主导作用，但不能只依靠政府，更需要学术界及新闻媒体和大众多方参与，才能够使非遗文化的保护工作更加完善。

第一，发展政府的主导力量。政府在非遗文化保护中扮演着重要的角色，在非遗文化保护工作中，政府部门要作出理性判断，对政府来说行政权力自身带有强制力，所以在非遗文化保护工作中，政府要充分利用自身的权力进行保护，建立起一个完善的政策体系和法律体系，使政府职能得以发挥。非遗文化的传承与保护工作，虽然主体是大众，但是政府的意志能给大众造成巨大的影响，这种影响能够符合人们自身的意识及民俗文化的发展，通过正向有效的管理而产生的催化作用。

第二，重视学术界的理论贡献。在对非遗文化保护的过程中，学术界是通过文字及其他方式，对文化传承作出贡献。通过学术界细致入微的研究，能够从理论的方面告诉我们，如何对非遗文化进行保护。并且在非遗文化面临消失危机的时候，让人们意识到其重要价值。

第三，注重新闻媒体的传播。媒体和文化机构是推动非遗文化保护的重要力量，他们可以通过宣传报道和文化推广，提高公众对非遗文化的认知和关注，促进传统文化的传承和传播。新闻媒体的传播，在互联网高速发展的情况下逐渐扩大。通过新闻媒体的传播，能够使非遗文化的保护更加深入人心。因此，如何正确利用新闻媒体，使其在非遗文化的传承方面发挥作用也是一个值得思考的问题。

第四，拓宽保护资金的来源。不论何种工作的开展都需要资金的支持，对非遗文化的保护也是一样，在保护过程中需要政府不断地进行投入。因此要不断拓宽投资渠道，使更多的民间资本能够进入非遗文化保护工作中。

站在投资的角度进行分析，政府投资与民间投资是有区别的。政府的投资往往更加注重于社会的发展及可持续性，并且不以营利为目的，而民间的资本投入是营利性的，要求有相应的经济回报。因此，想要让更多的民间资本投入非遗文化的保护工作中，就要让民间资本像进入其他产业一样，在政策及税收等多个方面给予优惠，使其能够获得经济收益，这样才能更多地调动民间资本投入的积极性。

第五，社区居民。非遗文化往往是特定社区的传统文化，因此社区居民是最直接的受益者和传承者。他们应该积极参与保护活动，传承知识和技艺，传递价值观念，形成共同的保护意识和责任感。

第六，传承人。传承人是非遗文化传统的代表性传承者，他们掌握着非遗文化技艺和知识，是传承的关键人物。他们应该传授技艺给后人，同时也是非遗文化保护的倡导者和推动者。

第七，社会组织和民间团体。非遗文化保护往往需要各种社会组织和民间团体的参与，他们能够发挥自身优势，开展非遗文化保护的宣传、教育、培训等活动，增强公众意识和参与度。

总之，通过多方参与原则，非遗文化保护能够形成多元合力，形成广泛的社会共识和支持，加强非遗文化的传承和发展，确保非物质文化遗产在现代社会得以保护和传承。

第二节　非遗文化的系统性保护建设

非遗文化系统性保护，是新时期以推动高质量发展为要义的文化建设，趋向非遗文化项目本体、非遗文化主体、制度化管理体系建构作用下的知识生产过程。作为新时代非遗文化保护重要方式，隐含了深刻的文化内涵和实践意义。

一、非遗文化的系统性保护方向

（一）确保意识正确

非遗文化（非物质文化遗产）的系统性保护是为了传承和弘扬优秀的传统文化，确保其在当代社会得以发展和传播。在保护非遗文化时，确保文化意识发展的正确方向尤为重要。以下是此方面的几项工作。

第一，强调传统价值观。非遗文化通常蕴含着传统的价值观和道德准则，如尊重、团结、勤劳等。保护时需要强调这些传统价值观，使其成为当代社会的指导原则，引导人们形成正确的文化观念。

第二，教育与宣传。开展教育和宣传活动，向公众普及非遗文化的价值和意义。通过学校课程、社区活动、媒体宣传等渠道，让更多人了解、认同和尊重非遗文化，从而形成共识。

第三，培养传承者。非遗文化的传承依赖于传承者的存在。要鼓励年轻一代学习和传承传统技艺和文化，通过制定奖励政策、设立专门学院或培训机构等方式，吸引更多年轻人投身非遗文化传承。

第四，文化产业化。将非遗文化与文化产业相结合，使其在市场经济条件下得以生存和发展。通过推动相关产品的创新与推广，提高非遗文化在经济上的价值，增加传承者和相关从业人员的收入，从而吸引更多人投入非遗文化保护的工作。

第五，倡导保护理念。政府、社会组织和公众都应该倡导非遗文化的保护理念，形成全社会共同参与的局面。政府部门可以制定相应的政策法规，社会组织可以开展各类保护活动，而公众可以通过自觉自愿的参与，共同推动非遗文化的保护。

（二）推动精细化管理

进一步精细化管理是非遗文化系统性保护的重要方向，它涉及对非遗文化项目的更细致分类和专业化管理，以确保其传承和发展的有效性和持续性。以下是进一步精细化管理的几个方面。

第一，精细化分类与清单建设。对已有的非遗文化项目进行更加精细化的分类，细化项目的特征和内涵，形成清晰的非遗文化项目清单。清单中应该包括各个项目的传承人、传承地点、传承方式、历史渊源等信息，便于进行监管和保护措施的制定。

第二，专业化传承团队。针对不同类型的非遗文化项目，建立专业化的传承团队。传承团队应包括传统技艺传承人、学者专家、文化人才等，他们在技艺传承、研究和推广方面具备专业性和丰富的经验，能够更好地推动非遗文化项目的传承和发展。

第三，制订个性化保护方案。对于每个非遗文化项目，制订个性化的保护方案，因地制宜，因项目施策。考虑到不同项目的传承特点和所面临的问题，采取有针对性的措施，如资金支持、场地保护、传承人培养等。

第四，强化监督与考核。建立健全非遗文化保护的监督与考核机制，对各级相关部门和传承团队进行考核，评估其在非遗文化项目保护和传承中的表现。通过考核结果，激励各方持续投入和改进工作，确保非遗文化保护工作的质量和效果。

第五，鼓励创新与融合。在精细化管理的同时，鼓励非遗文化项目传承人和相关从业者进行创新和融合。传统文化的传承并不意味着僵化守旧，而是要在传统的基础上创造出新的表现形式，使非遗文化与现代社会相融合，更好地适应时代发展的需要。

第六，加强国际合作。非遗文化是全人类共同的文化财富，加强与其他国家的交流与合作，促进非遗文化项目在国际上的传播和认知。同时，借鉴其他国家的非遗文化保护经验，为我国的精细化管理提供借鉴与参考。

通过进一步精细化管理，非遗文化的传承和发展将更具有针对性和有效性，保护工作也将更加精细、科学和有力，确保非遗文化在现代社会得以传承、创新和传播。

(三) 区分服务关系

随着我国经济社会健康快速发展，人民群众收入水平、支付能力、生活需要已经发生了深刻变化，出现了不同的需求层次，必须提供有特色、有个性的公共服务，包括非遗文化服务。

在非遗文化的系统性保护中，可以分为：①基本公共服务。确保非遗文化传承人的基本权益，如为他们提供必要的经济支持，保障其基本生活水平；另外，为非遗文化传承人提供场所和设施保护，保持传统技艺的传承环境。②非基本公共服务。在基本保障的基础上，加强非遗文化的宣传推广工作，例如举办巡回展览、文化交流活动等，将非遗文化推向更广阔的舞台。同时,提供培训和学习机会,吸引更多的年轻人投身于非遗文化传承,推动传统文化的创新和发展。区分好非遗文化中的基本和非基本公共服务之间的关系是十分重要的。这样可以更好地利用资源和开展保护工作,以确保非遗文化得到适当的保护和传承。

第一,确定基本公共服务。基本公共服务是指在非遗文化保护中必不可少的、最基本的服务项目。这些服务项目通常涉及非遗文化项目的保护、传承和教育等方面,如传承者的培训、非遗文化项目的考察和记录、相关资料的整理和保存等。基本公共服务的提供应该得到政府的保障和支持,确保非遗文化的传承和发展不受基本条件的限制。

第二,确定非基本公共服务。非基本公共服务是指在非遗文化保护中辅助性的服务项目,它们可以增加非遗文化项目的传播和影响力,但并非必不可少。这些服务项目包括非遗文化的推广宣传、文化旅游开发、非遗文化展览和表演等。在资源有限的情况下,可以根据实际情况和需求,灵活调配非基本公共服务的投入。

第三,平衡资源分配。在保护建设中,要根据非遗文化项目的重要性和发展需求,合理平衡基本和非基本公共服务之间的资源分配。确保基本公共服务的优先供给,使得非遗文化项目的核心传承工作得到保障。同时,也要注意非基本公共服务的开展,为非遗文化的传播和推广提供支持。

第四,强化合作机制。非遗文化的保护是一个系统性的工作,需要政府部门、文化机构、社会组织和民众的共同参与。建立起有效的合作机制,让各方的资源和优势得以充分发挥,共同推动非遗文化的保护工作。

第五,定期评估与调整。由于社会和文化环境的变化,非遗文化的保护工作也需要不断调整和优化。定期进行评估,了解保护工作的效果和问题,及时调整和完善保护措施,是保障非遗文化系统性保护的重要手段。

(四) 稳步培育和不断完善非遗文化市场环境

完善非遗文化市场环境是非遗文化系统性保护的重要方面。通过建设良好的市场环境,可以促进非遗文化的传承、发展和传播,同时也能增加传承者和相关从业者的收入,提高非遗文化在社会中的地位和认可度。以下是一些完善非遗文化市场环境的建设措施。

第一,鼓励非遗文化创意与创新。鼓励传承者和从业者在传统非遗文化技艺的基础上进行创意与创新,推出新颖独特的非遗文化产品和作品。政府可以设立创新奖励和扶持计划,为具有创新意义的项目提供资金和资源支持。

第二,提高非遗文化产品质量和标准。加强对非遗文化产品的品质管理和监督,制定相应的标准和认证制度。提高非遗文化产品的质量和档次，使其能够满足现代市场的需求，并增加竞争力。

第三，拓展销售渠道。支持非遗文化产品进入各类销售渠道，包括线上电商平台、线下实体店铺、文创产业园等。同时，鼓励非遗文化的展销活动和文化旅游开发，将非遗文化产品与旅游、文化体验相结合，吸引更多消费者。

第四，保护知识产权。加强对非遗文化知识产权的保护，包括传统技艺、图案、品牌等。建立健全知识产权登记和维权机制，防止侵权行为，保护传承者的权益。

第五，增加市场推广和宣传。加大对非遗文化的市场推广和宣传力度。利用广告、宣传片、社交媒体等渠道，向公众介绍非遗文化的价值和魅力，引导消费者对非遗文化产品的认知和购买意愿。

第六，建立市场监管体系。加强对非遗文化市场的监管，打击假冒伪劣产品，维护市场秩序。设立举报热线和投诉平台，让消费者参与到监督和监管中来。

第七，促进文化交流与合作。鼓励国内外非遗文化的交流与合作，引进国外优秀非遗文化项目，同时将国内的非遗文化推广到国际市场。促进文化交流有助于拓展非遗文化的市场规模和影响力。

通过以上措施的实施，可以逐步完善非遗文化的市场环境，促进非遗文化的传承与发展，实现非遗文化保护的系统性建设。

二、非遗文化系统性保护配套政策的完善策略

系统性保护频繁出现在政府非遗文化保护各类政策文件中，成为新时代非遗文化保护践行和遵循的新规范。

（一）多元管理：实施分类管理政策，促进非遗文化传承蓬勃发展

依据濒危程度、外部性特点、文化类型等对非遗文化进行分类，并分类施策。

第一，建设非遗文化博物馆、博物馆收藏、教育课程设置、学校人才培养，把非遗文化保护、传承和开发利用纳入公共文化和公共教育体系，在发挥其美育作用的同时，得到传承、发展和利用。

第二，对有关地方性法规、政策以及各职能部门设定的行政许可和审查制度进行清理，更加严格界定其文化内涵，凡是国家没有明文禁止和限制的文化产业领域，都可以对社会开放，凡是对社会举办和参与文化产业带有歧视性的做法和不合法的规定，都要取消。完善非遗文化产业指导目录，按照鼓励类、限制类和禁止类，对非遗文化发展分类

指导。

第三，在非遗文化产业化中，引入企业、社会组织和社会企业的参与，构建一个和谐互动的政府与社会的合作关系。

第四，逐步培育使其发展壮大，创造民族文化品牌。加强对非遗文化代表性工程的抢救性保护，通过口述史等进行全面记录。把非遗文化作坊与互联网结合起来，提升非遗文化产品的附加值。同时，需要尊重农民的意愿，让农民作出自己的选择。

（二）创新经营：特许经营与税收减免政策协同，助力非遗文化市场繁荣兴盛

特许经营[①]通常适应于非遗文化产品和服务使用可以收费的领域，如菜系、中药、食品、食材等。特许经营是政府赋予某一或某些非遗文化组织垄断经营权，使这一或这些组织通过向消费者收取使用费来为生产服务提供资金，政府并不直接为非遗文化服务付费，而是特定经营组织在一定时间内享受特许经营权（通常是排他性的权利）直接向公众有偿提供其生产的物品或服务。

非遗文化产品的开发利用及生产和服务，对初创的非遗文化企业、非遗文化家庭，以及非遗文化传承人个人可以采用减免税等方式降低他们的运行成本，使之逐步壮大，形成规模，增强其市场竞争力和发展活力。文化旅游主管部门要加强与其他部门的协商与合作，积极探索新形势下非遗文化保护、传承和开发利用的新方法。

（三）共建共益：支持探索公私伙伴关系，共同守护非遗文化传承之宝

公私伙伴关系，是指地方政府与非遗文化企业、家庭、个人联合生产非遗文化产品的模式。在这种模式中，地方政府为非遗文化企业、非遗文化家庭、非遗文化传承人个人提供土地（有些地区尝试建设非遗文化园区等）、政策优惠、拨款、贷款、免税以及以低于市场价的价格收购生产商的产品等。如采用发展产业园区的方式支持非遗文化发展，这种探索值得鼓励和支持，也值得进一步总结经验和教训，不断改进，使其更加完善。

针对非遗文化的保护传承和发展，如何通过协作并找到创新的解决方案来解决最紧迫的问题，鼓励支持各级政府机构寻求新的方法，不断为非遗文化和非遗文化传承人提供服务和支持。这些努力包括利用公私伙伴关系来鼓励机构寻求政府以外的合作伙伴，以增加开发资源并创造强有力的解决方案。

---

① 特许经营是指授权人将其商号、商标、服务标志等在一定条件下许可给其他经营者使用，允许他在一定区域内从事与授权内容相同的经营业务。

（四）多元融合：鼓励探索混合策略，激发非遗文化活力

1. 多元合作策略

政府在采用一个公共服务供给模式的同时，不排除使用其他模式。在地方和城市基本公共服务和非基本公共服务发展中，单一的合同外包正在被多元的合作策略取代，在效率、市场管理和居民满意等多元评价体系中平衡，就不能仅仅使用单一的手段，而是探索开发基本公共服务和非基本公共服务供给的组合手段。有些地方引进国有企业参与乡村非遗文化的开发工作，开发群众喜闻乐见的项目和服务，促进非遗文化的展示和营销，也促进乡村治理。要承认乡村地区存在大量非遗文化的资源，要充分挖掘乡村特色资源，建立和完善产业链，解决好产业链不健全等问题，必须加大这个领域的专业支持力度。

鼓励相关高等院校的相关专业设立学研合作对口支援，吸纳更多优秀设计师、经过专业培训的学生参与乡村非遗文化保护、传承和利用开发，同时把相关设计服务和设计管理服务也引入乡村非遗文化事业和产业中，突出专业、技术、市场、营销等优势，不断拉长乡村非遗文化产业的产品链，推动乡村文化特色产业、现代农业、城市工商业等互联互通，跨界融合、跨界发展，推动产业升级和高质量发展。

2. 混合策略

诸如把市场手段与计划有机结合起来，可能比单一的手段更有效。也有人把这种方式称为行政管理领域的新公共服务，把信息技术引入混合策略可能会带来更大的革新或变革。把非遗文化保护与文创工作结合起来，加上充分使用现代互联网和信息技术，使传统工艺在得到保护的同时，得以利用和发展。以资源特色打造农村文化品牌，促进乡村振兴和农村发展。文化建设也有精准服务问题，也要深化供给侧结构性改革。推动传统手工艺资源丰富的地区组建乡村手工艺合作社等组织，鼓励支持发展龙头企业和农民专业户合作经济组织，组织农民从事传统工艺劳作，以各种形式发展手工艺生产。

（五）人才驱动：完善非遗文化人才培养政策，让传承之路更添接力英才

非遗文化的传承关键是人才和人气，要进行人才的尝试规划，进行队伍建设，培养能人和传承人。给予乡土文化骨干相应的鼓励，发挥他们的骨干领头作用，在乡村传统和习俗基础上开展各种非遗文化活动，包括传统节庆、庙会、秧歌等有历史基础的文化活动。

考虑在条件具备的农村地区建立非遗文化的传习机构，培育非遗文化保护、传承和开发利用载体，拓展保护空间。要为非遗文化的人才培养创造一个使"三观"升华的基本公

共服务和从经验记忆转化为生活体验的非基本公共服务的文化发展生态，这给政府治理提出更高的要求。就政府而言，需要把行政、财政、市场等手段有机结合起来，在组织形态上实现文化与旅游深度融合。

顺应数字化发展趋势，不断提升非遗文化的传承人使用数字技术的能力和水平，通过直播等形式培育非遗文化小众群体，满足人民群众的不同口味和不同需要，形成非遗文化保护、传承和开发利用新业态。

总之，我国经济社会进入发展新阶段，也是中国人民全面建成小康社会和迈入建设社会主义现代化强国新征程的关键时期。国家现代化需要高质量的文化建设，高质量的文化艺术既需要不同文化之间的交流交融，更需要挖掘中华民族非遗文化中的优秀元素，为中华民族文化复兴注入活力。

深化非遗文化的标准化和非标准化建设改革。要充分认识到，在中国这样一个历史悠久的大国，各地发展不平衡，非遗文化的地域性特征非常明显，完全标准化是不可能的，必须因地制宜、因地施策，不断提高各级政府的决策水平和治理水平。人民群众对文化需求的不断提高给政府文化治理体系和治理能力现代化提出了更高要求。要充分实现市场在配置资源中的决定性作用和更好发挥政府作用的有机统一，努力做好非遗文化的保护、传承和开发利用工作。

三、非遗文化的系统性保护建设措施

（一）以传承项目为核心，构建非遗文化知识谱系

非遗文化代表性项目是保护的本体，整体保护工作围绕代表性项目和项目代表性人群展开。作为代表性项目，非遗文化有其自身结构，这种结构可以称之为谱系。谱系，本含有事物发展演变的系统之意，既是关乎事物逻辑分类的共时概念，又是关于事物历时演化的概念，与系统强调的事物内部联系具有一致性。不同侧重和标准的谱系共同组成非遗文化知识结构系统，因而，非遗文化系统性保护，是以知识谱系为基础而形成的项目内在结构关系和项目之间的文化体系。

一方面，非遗文化相对独立，其产生、发展轨迹表现为单一项目的知识谱系建构。文化是生发于某地，因此非遗文化具有鲜明的地域性特征，即是从某地产生的，能够代表地方标志性文化特色的存在，它记录共同生活的同属族群或杂居族群的历史社会、习俗信仰、生存生计、价值导向和情感认同等方面的重要内容，并有可能随文化发展、传播和变迁轨迹向其他地区移动，形成以起源地为中心，向四周辐射的特定文化圈。在知识谱系形

成中，支撑其运行的是文化相对稳定的核心意义。

非遗文化蕴含丰富多彩的民间旨趣，根据四时节气规律、生产生活等形成相应民俗，并围绕稳固不变的核心层构成最本源的内涵，是文化基因提取、复制、转录进而传衍和生成新意义的基础，也是非遗文化知识谱系的核心部分。

相较于文化稳定的核心意义，随时间流转和空间转换的文化发展和传播，是知识谱系诸种结构要素的变动。由于历史上不同地域、不同民族之间的交往、交流、交融，常常产生多地共享同种或同类非遗文化项目的情况，构成文化在民众生活中多重交织，也显示出知识生产、传承整体性的局部变迁。

另一方面，单一项目构成的知识谱系与其他项目相关联，构成中华优秀传统文化的整体知识谱系。非遗文化的产生及传承遵循"文化—生产—文明"的遗传信息流向中心法则。许多项目除具有广泛地域分布特质外，还存在门类间相互交叉情况，也就产生分类之外与相关项目的有机组合，形成文化的整体意义。

我国非遗文化项目包含众多门类，不同类型的项目涉及众多地域和不同民族，既在自己所属的类别范畴中相对独立，又与其他类型的项目构成完整文化结构。以门类划分非遗文化项目，是基于各地方及民族特质，集合共同习惯而构建的文化体系。其分类目的在于有针对性地实施保护措施，最大程度实现精准管理和全面保护，对地方传统的传承和发展是有益的。由于各地区享有的同种非遗文化各具特色，按照类别申报是基于某种符号在区域或国家中的典型性，凸显特定元素的区域核心意义。

从非遗文化系统性保护的角度，各类单一项目仅仅代表了地域文化内涵，而中华文明谱系有不同类型、数量、范围，由项目所代表的文化内涵和社会价值所构成。系统即是对整体拆分后的文化传承和文化功能进行整合，以科学的眼光，将分属于同一文化体系的不同地方文化知识谱系综合成更为完备的知识系统，也是国家主导的知识谱系。

由此可见，在非遗文化各项目呈现中，历史文化积淀丰厚的传统，在"在地化"语境中获得传承动力，并通过外部感知和互动，推动文化的可持续发展，形成相应的非遗文化生活、传承圈。地方文化发展中，依据这些恒定不变的核心内容，在传播中新生的文化元素和文化意义，多地共享的文化内涵，以及现代化的影响力下，使非遗文化从区域文化发展为集体的、共享的记忆，构成非遗文化整体知识系统，也形成系统性非遗文化的生活实践。

（二）以人的生活为中心建构非遗文化的关系网络

系统运转是关系互动，人是非遗文化的主体，在非遗文化系统性保护过程中，人与各类事物的关系是简单又复杂的，系统强调各要素间的关系，隐含在人与文化、社会所在的生活体系中。非遗文化系统性保护，表现为以人的生活为中心的关系性，包含以人为本的关系构成和生活关系上的再塑发展。

1. 人本关怀：打造以人为本的非遗文化传承网络

非遗文化是始终与人类生活相伴随的文化现象，凝结了特定时代民众的行为观念、精神追求与社会发展，蕴含了传统文化的根脉。人居于非遗文化保护系统的中心地位，相关文化传承和保护工作开展均在与人的各类关系中产生。同时，人与其他事物的共生关系，推动彼此间相生相依不断产生的动态变化，并在发展变化中，拟构出文化自我和主体意义。关系的概念在性质上是复合的，它不仅是由人定义的文化现象，也是由文化所定义的社会生活中人的存在状态。对于以人为本的关系构成，可以从以下两方面理解。

（1）人与生活的关系。非遗文化保护除强调人的中心地位，更为重要的是对人生活的关注，及人与生活之间的关系性。非遗文化是特定区域内民众的生活方式，它源于群体生活，又融入生活、作用于生活，塑造了人类社会的多种面向。其人本属性和生活特质，决定了传承发展中人与生活关系建构、解构与重构的循环往复与不断调整。非遗文化包括多种类型，其中每一项都与人的生活密不可分，他们既是产生于生活的文化事项，记录人生活实践的记忆，又是体现生活动态变化的人类智慧。

（2）人与人的关系。非遗文化包含多重人与人之间的关系网络，从保护项目而言，项目的承载者与项目所在地民众、同类项目其余地区的民众之间存在互联关系；被列为四级名录体系的传承人和体系之外同样具有传承能力的传承人之间的竞争与一定程度的不平衡关系，及共同发展联系等，都在随文化发展而变化。在保护路径上，我国非遗文化保护已然形成政府主导、社会参与、学者研究与项目持有者、文化享有者的多方互动。其中，无论是项目保护地享有文化的人群与各级保护单位的协调、社会力量协作，还是学者建言献策，都体现了非遗文化保护系统的均衡机制，他们各自承担一定的功能，并根据保护动态要求进行适度关系调整，再有次序地组合维系保护体系稳定，发挥文化在社会中的应有价值。这些不同立场人群间建立的关系，反映了文化在社会结构中的位置和作用，更进一步，人与人之间的关系实现了个体到集体，再到社会的沟通连接。

2. 重塑生活关系：让非遗文化融入人们的生活

非遗文化不仅体现人的日常生活方式，也在人与生活互动中，充分显示人与人、人与文化及社会的关系，并重塑着人的发展，具体而言有两方面体现。

（1）非遗文化在表达生活过程中，提供适宜人生存发展的环境。非遗文化保护就是要让非遗文化在千家万户的日常生活中得到体现和传承，各类保护实践尽显对以人为中心和生活感的重视。

（2）个体生活世界的改变，不仅反映着社会现实对个人的建构，也呈现了个人调动"传统"应对危机、与人类整体对话的博弈，人在此过程中重新获得了促进自我发展的契机。非遗文化无疑是与日常生活密切相关的文化实践，而日常生活总是在具体的可能性和关系性的总体中展开。

总之，非遗文化保护在理解文化与生活基础之上，改善与改造人的生活，服务于生活需要，促使生存环境更利于人的发展。而其中人与文化关系的处理，包含了日常生活在与文化保持某种关联的过程中，赋予人发展的潜力与动力之意，成为推进、升华和再塑人全面发展的力量。

（三）以文化建设为要义，构建非遗文化知识生产系统

系统是具有秩序性和结构性的体系，非遗文化系统构成生活、文化、情感关联的逻辑整体，也蕴含严密组织管理下的文化建设，具有明显的秩序倾向性。构成新时代非遗文化体系化的知识生产方式，其系统性表现为两个层次：①作为非遗文化的自我管理体系，旨在推进非遗文化知识生产；②融入国家发展战略体系，作为新时代激活非遗文化知识生产的重要方式。在此意义上非遗文化不仅是单独文化系统，而且是社会建设和文化建设系统有机组成部分。

1. 规范管理过程，建立健全非遗文化知识生产机制

我国在非遗文化保护的主体及围绕保护主体展开的各类传承和发展实践中，实行有序管理方式，实现由项目到人（群体），再到重视文化存续生境的项目及区域整体性关注。在非遗文化代表性传承人认定和管理方面，实现了以项目保护为主体，到以保护人（群体）为主体的转变，丰富政府管理非遗文化知识生产的方式、方法。目前，我国已公布五批国家级非遗文化代表性传承人，相关管理制度不仅对非遗文化代表性传承人有明确且严格规范，对认定后的管理亦有相应措施。在此基础上，提出绩效评估和动态管理、完善退出机制、传承人研修培训计划、青年传承人培养等。并结合集体传承项目实际情况，探索非遗文化代表性传承团体（群体）的认定，成为代表性传承人制度完善的目标。

在区域性整体保护实践方面，以划定各类重大区域为基础，体现文化建设的规划性与导向性，文化生态保护区建设、非遗文化在社区、中国传统村落非遗文化保护、特色村镇街区等都是非遗文化保护的参照系。文化生态保护区是我国区域性文化整体保护成功探索的创新实践，已形成从非遗文化的项目整体性到项目存续的自然、文化、社会等全方位的

区域或民族或文化生态链的整体性保护模式，也是其生产模式。将非遗文化的自然性与人文性，糅合在管理和规划的行动计划中，由此构成层层递进的系统发展和保护体系。

2. 融入国家发展战略，激发非遗文化知识生产的创新活力

从系统整体性本质出发，融入国家发展战略的非遗文化保护，是国家发展系统的部分和要素，在保护过程中，利用和借助文化的功能用以克服与解决国家发展中问题的工具化，实现文化管理向文化价值观和文化生存方式的有机统一的文化治理转化。非遗文化项目本体与乡村振兴、社会主义核心价值观培育、人类命运共同体理念践行等融为一个整体，文化参与面与参与度都有不同程度提升，呈现"整体大于部分总和"的非加和性，推动非遗文化以公共文化的力量实现知识生产。

在系统规划方面，区域已然成为文化建设的基本单位，进一步强调服务社会经济发展的要求，对我国重要的线性文化遗产带明晰规划细则，建立黄河流域、大运河沿线、长城沿线、长征沿线非遗文化保护协同机制。非遗文化保护系列建设行动，就是系列的知识生产实践，是在自我管理和共同治理之间寻找驱动力，治理不只是单纯的对人或物的管理，也涉及对人物关系的治理；不仅是人治理物，而且是对治理过程、治理关系本身的治理。

非遗文化从自我管理到融入国家发展战略，体现了初级—次级—高级连续且稳步进阶的发展模式，并在约束力、规范力和作用力下，不断改善和提高非遗文化在文化建设方面的效能，提高政府、社会、公民和学者的参与度，构建非遗文化的理念框架和价值体系的完整系统。非遗文化不仅是文化传统，更是话语方式，它通过与权力技术相关的符号技术系统所发挥的作用以及通过自我技术的机制的运作，以一种独特的方式对社会发展起作用，并在这种关系中与其结合。非遗文化是政府指导、参与下的文化保护行动，也是新时代文化建设实践和知识生产方式。

第三节　非遗文化的场地性保护实践

非遗文化的场地性保护是指在保护非物质文化遗产（非遗文化）时，对与非遗文化项目紧密相关的场地或地域进行保护和维护的措施。这些场地通常是非遗文化项目的传承地、展示地或实践地，承载着非遗文化的历史积淀和传承环境。场地性保护的目的是保护非遗文化的传承环境，确保非遗文化项目在原汁原味的传统环境中得以延续和发展。这些场地对于传承者的培养、非遗文化项目的展示和传播，以及相关活动的开展都具有重要意义。

一、文化馆的非遗文化场地性保护实践

文化馆是指文化活动中心，作用是开展群众文化活动，并给群众文娱活动提供场所。为保护好这些文化遗产资源，使其在不断发展的过程中得到更好的传承，需要对非遗文化进行系统保护，文化馆就是保护非遗文化的一个十分重要且具有代表性的场所。

（一）文化馆具备场地性保护的条件

"文化是国家建设、民族团结的灵魂，与群众的生活是紧密相关的，并将人类文明的进程充分地反映出来。"[1] 人民群众对物质和文化的需求越来越高，这就对非遗文化保护工作提出了新的要求。文化馆在硬件、软件等方面的日益完善，也为保护和整理非遗文化创造了有利条件。

1. 良好的基础设施

文化馆作为我国文化建设的重要基地，必须肩负起满足群众精神文化生活需求和服务人民群众的重任。所以，文化馆要加强自身建设，特别是要加强基础设施建设，为人民群众提供更多的文化娱乐和学习活动空间。文化馆的基础设施建设不完善，会导致文化馆对群众的吸引力下降，也就没有群众会去文化馆参加活动或进行学习。文化馆只有保证基础设施完善，才能更好地为广大人民群众提供服务。在我国社会经济不断发展的背景下，文化馆在硬件设施、功能上都有了很大进步，具备了保存和整理非遗文化的基础条件。目前，各级文化馆都配备了非遗文化项目代表性传承人工作室、展示馆、传习所等，为保存、整理和研究非遗文化提供了有力支持。为使我国的非遗文化得到有效保护，各文化馆还建立了非遗文化档案数据库，并按照国家相关档案管理规定，对本地区的非遗文化档案资源进行了全面收集。其中，一些地方文化馆还建立了以数字化形式进行保存的非遗文化档案数据库。

2. 大量的专业人才储备

文化馆拥有一批熟悉非遗文化知识，具有较高艺术理论素养且专业知识较为丰富的文化工作者，他们具有较高的职业素养，并在长期的工作中积累了大量的知识和经验。他们将自己掌握的非遗文化知识通过各种途径广泛传播到人民群众中；同时还充分利用自身条件为人民群众提供学习、交流和展示的机会，对广大人民群众进行宣传教育，致力于增强他们的非遗文化保护意识。

---

[1] 王继平. 非遗文化保护传承在群众文化活动中的地位和作用 [J]. 黄河. 黄土. 黄种人, 2022, (21): 38.

在非遗文化的保护工作中，我们要把文化馆当作一所大学，培养一批高素质、高水平的非遗文化保护人才。为保证这些人才能较好地发挥作用，文化馆还应定期举办相关培训班，让非遗文化保护工作人员接受系统学习，并在此基础上，进一步完善我国传统民间文化艺术人才队伍建设，为我国民间文化艺术事业的发展提供新的契机。此外，还应该为非遗文化领域的相关专家学者提供一个沟通平台，让他们有机会了解更多有关非遗文化保护的知识和经验。

3. 完善的管理机制

文化馆是国家的基层文化服务机构，肩负着保护和传承非遗文化的重任，同时拥有健全的管理制度。

（1）根据现有的人才队伍，进一步培养员工的职业能力，通过对员工进行相关教育和培训，提升员工的职业能力。

（2）建立完善的非遗文化保护工作制度，并加强了对非遗文化保护工作制度的落实与监督。

（3）为了更好地保护非遗文化，出台了一系列与文化馆相关的规章制度、管理办法、工作规程。在开展非遗文化保护工作时，文化馆有关部门都严格遵守各项制度，认真履行自身责任，构建了"群众申报、专业人员调查、专家评审、公布项目、举办活动"等管理模式。同时，也明确了各部门对非遗文化的保护责任。

（二）文化馆是开展场地性保护的现实场所

文化馆恰好是对非遗文化进行保护与研究的主要场所，充分发挥文化馆的作用，为非遗文化的开发与利用搭建良好的平台。文化馆能够利用各种平台和途径，对非遗文化进行挖掘、收集、整理，并在此基础上对其进行保护和研究。此外，文化馆还可以通过馆内的文化活动场地和设施传承非遗文化，例如，利用展会场地展出民间传统工艺，利用各种舞台设施展演民间传统戏剧和曲艺等。同时，也可以通过网络等向社会展现民族传统音乐、舞蹈等艺术形式，并对其进行有效的保护与传承。

文化馆可以组织专家对广大人民群众进行传承教育和培训；也可以在文化馆中组织一些业余艺术团体，为广大人民群众提供学习和训练的机会，让他们在锻炼中得到发展。此外，还可以举办形式多样、内容丰富的群众性艺术表演活动，将优秀的非遗文化介绍给广大人民群众，从而达到普及知识、传承文明、弘扬文化的目的。

第一，对非遗文化系统的普查、认定和研究。我国许多文化馆都对本地区的非遗文化进行过普查。这些普查工作不仅包括对本地区非遗文化的系统调查，还包括对一些具有地方特色和民族特色的非遗文化的深入研究和探讨。

第二，开展宣传普及活动，增强全社会的非遗文化保护意识。文化馆通过各个方面的宣传和教育，推动全社会对非遗文化的保护和传承。在文化馆中以各种形式开展非遗文化的宣传普及活动、非遗文化宣传周活动，举办了全国民间艺术大展、各种民族传统节日文化活动、大型文艺晚会和各种比赛活动。特别是在"文化和自然遗产日"等时间节点，结合各地不同的非遗文化特色，进行宣传、展示、展演、相关知识普及等活动。这些宣传普及活动大都深受群众欢迎，取得了良好的社会反响。

第三，举办展示展演活动，扩大社会影响。在开展非遗文化保护工作时，文化馆要以对非遗文化进行保护为基础，组织以非遗文化项目为内容的相关展示活动，具体可以包括非遗文化展演、非遗文化项目展示和传承人技艺交流会等。在此基础上，进一步增强人们对非遗文化的认识和保护传承意识。

(三) 文化馆开展非遗文化场地性保护的策略

1. 参与社会公益性活动

非遗文化项目本身具有社会公益性，在保护与传承非遗文化的过程中要发挥其社会效益，使其与时代的发展相结合，融入社会生产生活中。如各地文化馆针对当地民众的精神文化需求所开展的"非遗进校园""传统文化进校园"等活动，不仅提高了当地民众的文化艺术修养，还寓教于乐，提高了他们对非遗文化价值的认识。这样的举措不仅可以确保非遗文化得到有效传承，还能增加其传承者的收益。另外，各地文化馆还积极开展了"非遗进社区"活动，不仅使当地居民掌握了部分手艺，还使其在日常生活中受到了熏陶，从而提升了他们的文化素养和精神境界。

2. 增强权利与保护意识

文化权利是指公民在参与社会文化生活的过程中，通过文化活动获得利益、尊严和满足的权利。如何利用各种渠道增强公民对非遗文化的保护意识，引导全社会树立非遗文化保护理念，使广大人民群众更好地参与到非遗文化保护工作中，是各级文化馆应该思考并承担的任务。文化馆应以多种形式，通过多个渠道向民众普及科学知识，宣传优秀传统美德，引导民众正确了解和认识非遗文化，提高民众在民族优秀传统文化和非遗文化保护传承工作中的参与度。

总之，在我国，加强对非遗文化的保护已经成为整个社会关注的焦点。而文化馆不仅是开展非遗文化保护工作的重要地点，还是传播与弘扬我国非遗文化的主要渠道。所以，文化馆工作人员要增强自对非遗文化保护与传承工作的了解，持续学习并掌握有关知识，提高自身业务水平，从而为更好地保护、传承和发展非遗文化作出贡献。与此同时，要在实际操作过程中，持续总结经验和存在的问题，在此基础上，持续提高自身能力水平，从而更好地促进我国非遗文化保护工作的开展。

二、博物馆的非遗文化场地性保护实践

博物馆是为社会服务的非营利性常设机构，它研究、收藏、保护、阐释和展示物质与非物质遗产。博物馆如何凸显自身存在的价值，获得发展，打造适合自身的非遗文化保护之路，需要结合自身现状，针对问题制定可行性发展策略。具体可以从以下几方面着手。

（一）博物馆参与非遗文化场地性保护的必要性

1. 有利于体现博物馆的文化价值

博物馆成立的最主要目的就是以实物构筑历史，为历史上的人类生活、文化和社会提供论证，从而推演出人类文明发展的历史规律，古为今用，给现代人以启迪和思考。博物馆参与非遗文化场地性保护，有利于体现博物馆的文化价值，通过博物馆来保护非遗文化不仅是保存非遗文化本身，也是在保护、传承中华民族的精神和文化。

2. 有利于体现博物馆的社会职能

博物馆的社会职能就是宣传传统文化和历史，创建知识型和创新型社会，尤其是地方博物馆具有保护当地传统文化和宣传弘扬当地文化的职能，并且兼顾促进当地经济发展和地方文化建设的社会职能。

博物馆参与非遗文化场地性保护，有利于体现博物馆的社会职能。在参与非遗文化的保护过程中，需要从封闭式向开放式方向转变，将非遗文化的手艺、精神和文化内涵发扬出去，让更多人了解非遗文化，并被非遗文化所吸引，进而学习非遗文化中的传统技能，将非遗文化中的元素提炼出来进行二次创作，让非遗文化的文化元素与现代元素有机结合。这样不仅能够保护非遗文化，还能够使非遗文化焕发生机，促进非遗文化的弘扬和发展。因此，积极参与非遗文化的保护是博物馆的社会职能，博物馆应该积极与文化部门合作，利用自己的文献信息保护技术和文化宣传优势来保护和弘扬非遗文化。

3. 有利于促进非遗文化的保护

博物馆参与非遗文化场地性保护，有利于促进非遗文化的保护。博物馆中的地方档案文物是反映当地文化历史和文化特色的记录性实物，博物馆能够全方位展现当地非遗文化

的历史、技艺和文化内涵，所以博物馆能够通过宣传非遗文化的特色来让更多人了解非遗文化的内涵，从而喜欢和学习非遗文化，进而弘扬和保护非遗文化。

博物馆保护非遗文化需要一定的文化自觉性，需要博物馆工作人员去非遗文化发源地了解详细情况，收集非遗文化的信息并整理成展示性作品保存到博物馆让更多人了解非遗文化。目前常见的非遗文化展示作品有研究文献资料、影视作品和图片、文字等，群众通过这些展示性作品可以深入了解非遗文化的内核，并发自内心地喜欢上非遗文化。

（二）博物馆开展非遗文化场地性保护策略

1. 挖掘搜集当地有特色的非遗文化

一定量的非遗文化储备，是博物馆进一步开展科研、教育、宣传工作的基础。非遗文化有明显的区域性特点，蕴含了浓郁的地方文化及特色，是当地历史、文化的见证。非遗文化本身是一种生活文化，博物馆要积极开展非遗文化普查和田野调查，走进民间去挖掘当地非遗文化或同类型非遗文化中本地的特色之处。

2. 坚守场地特性，转变发展理念

一座博物馆，只要充满诚意，依然能吸引更多观众走进来。博物馆要转变理念，立足自身特色，以此为契机，成长为具有吸引力、辐射力、小而精的博物馆。博物馆需要以当地非遗文化的独特性为立足点，通过比较研究，集中力量发现自己与众不同的文化内涵，打造出具有地方特色与文化魅力的非遗文化展示平台。

3. 互相协作，多维度联动

单一博物馆资源有限，可以和其他组织机构相互合作，建立长期稳定的战略合作关系，取长补短、各取所需，在获得强有力的社会支撑的同时，扩大博物馆文化的社会传播面，提高博物馆的社会吸引力。

（1）与博物馆建立合作关系。与同地域或者同类型的多家博物馆联合起来，资源共享，共同开展非物质文物遗产的研究和保护工作。通过馆际互动，打造系列主题展览，借助合力，提高地方非遗文化的知名度。相互协作，联合申报项目，获得活动经费。

（2）与所在地科研机构、高校建立合作关系。通过为民俗学、艺术学等学生提供实践基地的形式，借助学校的师资力量，弥补博物馆人力、物力不足，同时给予年轻人机会，培养后备人才，提升博物馆非遗文化保护的能力和水平。

（3）与媒体合作，拓展宣传渠道。除了报纸、期刊、电视、电台等传统媒体外，加强与新媒体的合作。以传统节日、文化和自然遗产日和国际博物馆日等活动为契机，举办互

动性强的文化活动,通过广泛的宣传和报道,提升当地非遗文化的热度和影响力,提升博物馆的知名度,使其更加有效地进入大众视野,改善门庭冷落的现状。

4. 提升展示水平,提高观众参与感与体验感

陈列展示是博物馆发挥社会职能的主要途径,展览在精不在多。在进行非遗文化展示的时候,要结合当地文化建设,根据地方特色和非遗文化特点调整展览形式和内容,注重表现非遗文化的独特性。通过良好的陈列语言,提高观众的参与感与体验感,确保非遗文化的文化价值真正展现出来。有些非遗文化虽然已经在大型博物馆展出,但中小城市的非遗文化因其独有的地方特色,也并不逊色。小而精地展示具有地方风情非遗文化,是中小型博物馆有别于大型博物馆的独有优势。

5. 充分利用互联网,推动博物馆智慧化发展

互联网打破了地域的限制,为博物馆提供了更广阔的平台。博物馆要加强对信息网络技术、现代科学技术的运用,建成基于网络的非遗文化交流平台,实现文化共享,把非遗文化保护阵地从狭小的场馆拓展到广阔的互联网平台,提高博物馆的影响力。

此外,利用互联网的宣传优势,提升博物馆知名度和传播力。博物馆可以将自身非遗文化工作理念和成果发布网站、微博等互联网平台上,使观众不用亲自到博物馆也能领略到博物馆文化的魅力。关注网络上的热门话题,寻找博物馆馆藏资源与时事热点的相关之处,通过合理的时事热点,提高博物馆的热度。比如蹴鞠、摔跤、传统箭术等都属于我国非遗文化,博物馆可以借助奥运会等体育赛事的热度,开展非遗文化的保护与宣传工作。

6. 注重专业人才队伍建设

人才是博物馆事业可持续发展的基础,博物馆可以采取多元化、多渠道的人才培养的方案,改善人才缺乏、结构单一的现状。通过馆际交流,邀请非遗文化等相关领域的专家学者到馆内授课;定期组织业务骨干参加培训和学术交流活动,拓宽视野,提升业务能力;引入第三方人才,通过志愿者服务、非遗文化传承人表演等方式,为博物馆人才队伍注入新鲜的血液。通过优化人才队伍和结构,提高博物馆的业务能力和水平,为博物馆的非遗文化工作和可持续性发展奠定基础。

7. 提升场地的公共服务软实力

场馆大小、藏品数量、基础设施等是博物馆的短板,由于客观条件限制难以在短时间内得到改善。博物馆可以转变思路,在公共服务等软实力上下功夫,提高观众的体验感与参与度。以非遗文化的讲解为例,除了介绍非遗文化的物质载体的基本情况外,还要将其所承载的非遗文化的内涵传达给观众,包括历史背景、精神价值、文化传承以及现代环境

下的状况、对现代生活的影响、现代人对它的评价等，让观众对非遗文化有更深入的感受与了解。通过软实力打造博物馆的良好口碑，先在区域范围内获得关注和热度，再进一步成长为特色鲜明、声名远播的地方博物馆。

第四节　非遗文化的传承人保护工作

非遗文化最真实而重要的价值和意义就在于它是当下人们正在实践着的生活方式，是活的文化事实。而其"活"离不开文化主体——传承人，活态的本质或核心就是人基于非遗文化的活态性，非遗文化传承人的相关研究便成了学界关注的重点。各级非遗文化代表性传承人不仅肩负着延续传统文脉的使命，彰显着遗产实践能力的最高水平，还不断地将天才般的个性创造融入传承实践活动中，对确保非遗文化的持久传承发挥着不可替代的作用。因此，保护代表性传承人[①]是非遗文化保护工作的重要内容。

一、非遗文化传承人的认定管理

第一，完善非遗文化传承人名录体系。开展第六批国家级非遗文化传承人申报认定工作，健全国家、省、市、县代表性传承人名录体系，推动县级名录全覆盖。

第二，探索认定非遗文化代表性传承团体（群体）。对于集体传承、大众实践的项目，探索认定非遗文化代表性传承团体（群体）。在条件具备的地区，试点开展非遗文化代表性传承团体（群体）认定工作，探索有效的工作方法。做好非遗文化代表性传承团体（群体）与非遗文化传承人有关工作的衔接配合。

第三，明确非遗文化传承人认定制度的内容。基于传承主体的不同，将传承人分为本源性传承人和外源性传承人。现阶段我国广泛实施的传承人认定制度主要是以政府名义进行的国家认定制，在此基础上配合实行申请备案制度和群众推荐制度，经过传承人自我申报和群众公开推荐、政府主管部门备案审查、政府最终认可等程序，最大程度上保障非遗文化传承人的基本权益。这三类制度共同发挥作用，才能激发传承人的传承热情，破解优秀非遗文化后继无人的困境。

第四，构建多元的传承人认定模式，既要进行代表性传承人、个体性传承人的认定和资助，也要保护一般性传承人和团体性传承人的合法权益，从而推动我国非遗文化保存、

---

① 截至2022年11月，国家级非物质文化遗产代表性传承人共3057人。

保护和发展工作的良好运行。

第五，优化非遗文化传承人认定制度。现代化进程对乡村生活空间及维持秩序产生重大影响，虽然非遗文化传承人认定工作完成了技术层面的构建，但是在价值认定和文化认同上并未形成有固定内核的群体组织。对此，应从乡村文化角度出发，自下而上看待认定程序，完善非遗文化传承人认定制度。

二、非遗文化传承人的保护机制

第一，针对生存现状，强化培养机制。措施包括：①在非遗文化保护过程中，只有从日常生活、技艺传承、保障体系构建等方面对传承人进行全方位保护，非遗文化保护才能真正取得成绩。②结合非遗文化的实际情况和特点，避免盲目的"商业化""产业化"，以免破坏非遗文化的原生态性，对其本质产生不好的影响。③传承人应当统一规划，加强组织机构建设；主张采取科学认定，广泛开展普查工作；建立档案，面向社会广泛宣传；加大投入，保障传承人权利；社会各界共同参与，为传承提供有力保障。

第二，针对评价困境，完善评估机制。措施包括：①在制度实施过程中，必须制定法规制度的实施办法，加强执法检查，增强制度刚性，以保证各项制度落到实处。②坚持将认定制度与申报制度相结合，重点关注传承人群体中的特殊人群，此外，还应加大对传承环境的建设力度。③给予政策法规保障，在保护工作各环节开展评估，同时进一步细化评估内容，明确人员、机构的定位和分工，完善非遗文化传承人的评估机制。

第三，针对监管乏力，深化法律机制。措施包括：①要使保护工作落到实处，必须建立切实可行的传承人认定、保护和监管机制，对传承人进行有效认定，保障其合法权益，督促其自觉履行义务，从而使非遗文化传承和发展得到有效保障。②着重完善非遗文化法律规范体系，建立有效的行政机制，增加社会监督力度，保证程序的公正性。

三、非遗文化传承人的保护措施

（一）充分使用现代化科学技术保护非遗文化传承人

充分使用现代化科学技术保护非遗文化传承人。①从法律上明确非遗文化传承人传承项目的公开范围，以宣传、奖励等方式吸引公众使用非遗文化传承人建档 App[①]，从而将

---

① 手机软件（Application）是指安装在智能手机上的软件，需要有相应的手机系统来运行。手机软件主要通过分析、设计、编码、生成软件，其主要功能是弥补原始系统的不足，并使之个性化，使手机功能完善，为用户提供丰富的使用体验。

这一项目推行至更广泛的社会公众。②从电视影像的角度,结合创作实践,对此类纪录片的人文价值、创作原则、艺术特色等进行分析,以期为民族地区非遗文化传承人纪录片的创作与传播提供借鉴和参考。③通过影像保护和传承非遗文化,并提出通过现代媒介工具摄影来获取一手田野资料,形成影像民族志,着重讨论了其在保护非遗文化中的重要作用及创新点。

(二)开展博物馆相关活动保护非遗文化传承人

开展博物馆相关活动保护非遗文化传承人。①越来越多的博物馆将动态的、民俗的"展览"搬进博物馆,博物馆作为文化事业的主角,在社会变革中身兼重任。非遗文化作为"活态"的文化并不是静止的,将这些东西搬进博物馆是为了更好地保护它们。②博物馆特色非遗文化活动目标公众的设定、非遗文化项目进馆可操作性的筛选、非遗文化项目内容的真实性及最终效果评估体系建立等,对非遗文化传承人的保护意义深远。

(三)利用口述史相关方式保护非遗文化传承人

1. 口述史研究方法和口述史价值

第一,分析非遗文化传承人口述史的学术价值、文化价值、历史价值和社会价值,通过对非遗文化传承人口述史的搜集、整理及数字化开发和利用等具体方法的探讨,为非遗文化保护和传承提供了新思路。

第二,数字新媒体技术塑造了当今社会人们对日常信息的接受渠道,如何以数字新媒体为载体,将非遗文化传承人的口述史转化为能够被大众接受的内容,如纪录片、电影等,从而激发年轻人关注非遗文化,对于非遗文化保护具有十分重要的意义。

2. 口述史建档和数据库的联动使用

第一,口述档案是非遗文化传播的一种重要媒介,它以口头形式记录了非遗文化传承人所掌握的知识,保护了非遗文化中最容易被人遗忘的部分。通过使用这种严格的口述史记录,并以此为基础引入网络数据库技术,建立相应的口述资料数据库,是保存和传承非遗文化的有效途径。

第二,口述史和图书馆档案资源的结合利用,通过分析图书馆开展口述史工作的作用与图书馆发挥口述档案管理职能作用的有效合作,提出图书馆应该与非遗文化保护中心联袂建立非遗文化口述档案,合理利用口述档案资源,保护和传承非遗文化。

第三,借鉴海外经验保护非遗文化传承人,与时俱进,创造具有时代意义、符合当代人审美和精神文化需求的非遗文化，使非遗文化融入现代生活，走进大众的日常生活。

第四，以旅游场域为平台保护非遗文化传承人，把非遗文化资源转化为旅游产品，也是遗产保护和传承的一种有效方式。通过参与旅游的开发，让非遗文化传承人成为非遗文化展示、保存和发扬光大的窗口。非遗文化与旅游业融合发展符合产业融合大趋势，旅游业的发展为非遗文化提供了新的发展空间和机遇，也为非遗文化传承人展示非遗文化提供了良好的平台，旅游业的兴起是保护非遗文化传承人的有效路径。

四、非遗文化传承人的培养

（一）传承人的一般培养方式

第一，以教育为主的非遗文化传承人培养方式的重要意义。以教育为主的非遗文化传承人培养方式，对非遗文化活态传承和可持续发展意义深远。①从职业教育视角出发，对民族地区非遗文化传承人培养与职业教育融合发展路径展开系统化的探讨，具有十分重要的理论和现实意义。②将非遗文化保护与传承工作引入艺术设计专业实训教学环节是大学文化传承功能的具体践行，是专业建设的创新和特色。

第二，以高校为主导的非遗文化传承人培养方式的具体对策。基于非遗文化传承人群体的培养现状，一些学者认为，应着重以高校、高职院校教育作为培养非遗文化传承人的主要方式，并提出相关建议和策略。①高校则肩负着一个国家未来的发展希望，高校不仅承担着传播传统文化的重大使命，更是非遗文化活态传承行之有效的途径。②制定一整套具有全面协调性、整体指导性和现实操作性的非遗文化传承人培养方案，对于非遗文化传承和保护十分重要，例如，扶持高校"理论实践型"人才培养模式等。

第三，多种方式并存的非遗文化传承人培养方式的现实路径。多元的非遗文化传承人培养方式，不仅是对以教育为主的非遗文化传承人培养方式的有益补充，也是激活非遗文化传承内驱力，变被动传承为主动传承的重要方式。基于现代学徒制的非遗文化传承人培养模式，以全面提升民族传统工艺的传承优势、以降低非遗文化传承的成本、以培养现代学徒的职业价值认知，强调工学结合、多元化培养，实现非遗文化传承人的培养新范式。

（二）传承人的创新培养实践

下面以临朐桑皮纸制作技艺为例，探索传承人在高职院校中的创新培养实践。

1. 人才的创新培养必要性

第一，非遗文化技艺传承人才培养的现实需求。非遗文化技艺传承人才是实现非遗文化保护、传承、创新与发展的一支重要队伍，推动传统技艺与现代行业产业联姻，进一步发挥非遗文化技艺优势，实现非遗文化技艺与现代产业融合发展，挖掘出非遗文化技艺更大的产业价值。因此，国家迫切需要培养出非遗文化传承复合型人才，为实现文化强国建设提供坚强的人才支撑。

第二，传承非遗文化精神，培养工匠型人才。非遗文化传承需要的是技术技能型人才，高职教育作为一种类型教育，重点培养学生的实践动手能力，所以高职院校在培育非遗文化传承人才方面具有天然的优势。在高职院校开展非遗文化传承创新人才培养，既实现了对非遗文化精神的传承，又培养了学生的工匠精神，把非遗文化创作中的匠心精神融入人才培养中，使学生不仅能够掌握技艺技能，又能培养精益求精的工匠精神。通过技艺技能传承创新平台的建立、非遗文化创新人才的培养，将吸引更多学生了解临朐桑皮纸制作技艺的精髓，掌握桑皮纸制作技能，把非遗文化精神传承与实践操作相结合，进一步保护好、传承好、利用好非遗文化资源，助力于非遗文化传承人才培养的高质量发展。

第三，有利于提升学生的职业素养。非遗文化是中华优秀传统文化的重要组成部分，其中蕴含着丰富的育人元素，彰显中华民族优秀的民族精神，这与高职院校人才培养方案中的情感素养培养不谋而合。

非遗文化既有技艺技能的传承，又有工匠精神的彰显，能够激发学生的学习欲望，增强学生作为非遗文化传承人的自觉性。通过非遗文化氛围的熏陶，学生不仅能陶冶艺术情操，同时也无形中提高自身的思想道德品质。学生通过耳濡目染，学习非遗文化技艺操作流程，能够受到非遗文化的激发与感染，增强学生的文化认同感、自豪感，激发学生树立崇高的理想与信念，促进学生养成良好的职业素养和道德情操。

2. 人才的创新培养路径

第一，推动非遗文化+课堂建设。根据非遗文化技艺特点，深入挖掘潜在的非遗文化精神，推动非遗文化进课堂，使学生热爱非遗文化、传播非遗文化、创新非遗文化，多措并举培养复合型非遗文化传承创新人才。

修改人才培养方案，开设非遗文化基础课，建设非遗文化课程实验室，搭建非遗文化技艺实践环境，通过理论知识+实践体验的方式，更好地传播非遗文化，展示非遗文化精神内涵，让学生不仅学习到非遗文化基础知识，同时进一步认识到非遗文化价值，感受到非遗文化的魅力，从内心深处真正接受非遗文化，提升作为非遗文化技艺传承人的自豪感与成就感，提高学生的非遗文化素养；定期开展非遗文化讲座，邀请非遗文化大师进行授课，围绕纸文化相关非遗文化传承技艺广泛开展教学和研究，让学生与大师零距离接触，促进学生对非遗文化的热爱，促进学生的可持续发展。

加强与企业、文化艺术中心等组织的深度合作,利用临朐桑皮纸技艺传承平台,搜集整理临朐桑皮纸制作的素材,通过拍摄照片、制作PPT[①]、录制视频等方式对非遗文化资源进行整理;在原有非遗文化资源的基础上,不断开发新的非遗文化数字化教学资源,加强与非遗文化传承人交流,结合非遗文化内涵、非遗文化精神和学校人才培养方案,开发符合新时代特征的数字化资源,共同整理、编写非遗文化资源,更好地用于日常教学中。

加强对校内教师的非遗文化技艺培养,通过举办非遗文化培训班或进修学习等方式提升教师的非遗文化素养,通过下实训基地实践锻炼,提升教师非遗文化技艺技能;聘请企业专家和非物质文化遗产代表性传承人作为特聘教授;不断加强与企业深度合作,实现学校和企业师资的共用,不断加强非遗文化师资队伍建设,增强非遗文化专业技术实力,为培养非遗文化技艺传承人才提供强有力的师资保障。

第二,增强创新创业能力。对非遗文化技艺传承人才的培养仍然要注重培养其创新精神,既要继承老一辈传承人的匠心精神,又要具有创新思维,能够进行不断革新,使非遗文化技艺更好地传承下去。注重培养其创新精神,让学生学习临朐桑皮纸的发展历程、桑皮纸制作技艺及其演变过程,让学生了解到桑皮纸发展到今天所具有的魅力与价值,把老一辈传承人的非遗文化精神给学生们讲授,让学生树立不怕困难、勇于创新、敢于挑战的工作态度,进一步增强其创新精神。

提高创新创业能力,积极引导学生注册公司,利用新技术、新手段运营公司,引导学生参加山东省创新创业大赛,以大赛为契机,以桑皮纸非遗文化创新为素材,打造创新创业项目,在做好项目的同时,不断增强学生创业信心,丰富创业经验,提升创新创业的各项能力,不断加强学生综合素养,为日后创新创业打下坚实基础。

第三,发挥科研资源优势。桑皮纸制作技艺已有两千多年的历史,展现了中国传统技艺技能,高职院校应充分发挥科研优势和师资优势,整合非遗文化资源,推进科研创新,致力于打造复合型、高水平非遗文化研究团队,培养更多非遗文化技艺传承创新人才。

围绕临朐桑皮纸技艺的传承与发展,将学院的科研平台与山东省技艺技能创新平台、非遗文化传习所等进行整合,形成非遗文化传习人、桑皮纸从业者、非遗文化基地互动协调的新格局;结合地方区域特点,发挥科技创新能力,开展桑皮纸科学研究,不断创新桑皮纸文创产品,进一步发挥桑皮纸优势,满足不同人群、不同组织的用纸需求,提升学生对非遗文化的热爱,提升创新能力。

---

① PPT是指图形演示文稿软件,PPT具有强大的制作功能、强大的多媒体展示功能、较好的Web支持功能、一定的程序设计功能等特点。建立新的PPT步骤可按"新建"按钮、选择模板、编辑背景及颜色、输入文字、绘制图形、其他辅助制作工具、设定放映方式与动画效果、设定打印效果等进行。

结合系部和学院资源打造非遗文化科研团队，积极引进非遗文化大师加入项目团队，组建跨学科、跨专业研究团队；团队人员结构、专业分配、人员职称配置合理，不断加强团队成员间信息交流与整合，实现信息共享；通过走访传承人、技术培训、实践锻炼等方式提升团队教师的技艺技能，提升整个非遗文化团队专业技术实力。

结合临朐桑皮纸非遗文化不断提升学生的非遗文化技艺技能，结合临朐桑皮纸非遗文化及桑皮纸产业情况不断创新项目；结合桑皮纸生产经营情况，参加互联网+、挑战杯、创新创业等大赛，通过参加大赛进一步提升学生的综合实力；不断创新产品及制作技艺，精心打造临朐桑皮纸作品；加强对新一代信息技术的利用，促进桑皮纸传统产业的转型升级，推动产业结构调整，进一步发挥高职院校学生的科技优势。

第四，加强实习实训基地建设。实践实训是培养非遗文化传承创新人才非常重要的手段，实现了理论与实践相结合，真正让学生学以致用。

基于山东省技艺技能传承创新平台，结合地方区域特点和地方文化魅力，成立"临朐桑皮纸技艺传承与品牌推广创新平台"，建设临朐桑皮纸技艺传习所，不断开拓山东省职业教育技艺技能创新平台实训基地，融合实训基地特点，以临朐桑皮纸为基础，不断创新产品形式和推广模式，进一步增强学生的创新能力。通过实践实训，让学生零距离接触非遗文化技艺，亲手体验操作非遗文化技艺，让学生理解非遗文化技艺的精神和内在价值，感受到华夏文明的博大精深，真正热爱非遗文化技艺，更好地把非遗文化技艺发扬光大。

第五，提升社会服务能力。非遗文化传承创新人才需要具有深厚的人文素养和广阔的协同创新视野，积极推动传统技艺与现代行业产业联姻，更好地服务社会。

在实施创新人才培养过程中，积极组织学生团队开展研学旅行活动，让学生走进桑皮纸传习所，拜访桑皮纸传承人，了解临朐桑皮纸的传承与创新之路；鼓励学生把非遗文化技艺与乡村振兴建设紧密结合起来，不断进行非遗文化创新，制作出更精致、优美的作品，把桑皮纸产业做大、做强，提高非遗文化传承人经济收入，助力地方经济发展。

鼓励学生与非遗文化传承人共同探讨新的营销推广渠道，利用信息化手段对桑皮纸产品进行推广、营销，发挥产品优势，加强产品创新，扩大桑皮纸产品市场占有率。组织学生团队致力于打造临朐桑皮纸手工造纸坊、临朐桑皮纸手工造纸特色体验村落，帮助非遗文化传承人参加"秀美临朐"短视频展播、"潍美"公共文化空间评选活动。

助力发展桑皮纸制作技艺产业链条，促进当地植桑、养蚕、缫丝、织绸、捞纸、乡村旅游、文创产业等三产融合，助推乡村振兴。通过服务社会经历与体验，使学生感受到传统文化的独特魅力，滋养学生的精神世界，强化学生的文化自信，匡正学生的价值观，有效实现对非遗文化技艺传承创新人才的培养。

五、非遗文化传承人的研究展望

（一）推动非遗现代化

优秀非遗文化的保护和传承，需要与时俱进的理论指导和政策实施，能够推动非遗文化现代化的研究十分必要。因此，了解人们的喜好，在技术发展的前提下加强信息传播，利用受众最广的大众传媒方式，比如微信、微博、抖音等软件，或电影、纪录片、图书馆影像资料等载体，通过类似的数字化技术循序渐进地推介非遗文化的历史渊源，展现其独特的文化魅力，使这些优秀传统文化能够出现在大众视野当中并为人们所熟知，才能谈及传承和发展的问题，乃至传播和国际化。

（二）强化非遗文化与区域文化融合

非遗文化是区域文化的重要组成部分，也是提升区域文化软实力的重要资源，非遗文化传承人作为非遗文化活态传承的关键，是非遗文化与区域文化融合的突破口。

第一，区域文化要为非遗文化的发展提供良好的文化生态空间，保证非遗文化"在地"生根发芽，为非遗文化传承人提供多样化的活动空间，引导其茁壮成长，挖掘传承能人，着力培养非遗文化传承人，激活非遗文化传承和发展的内生动力。

第二，进一步打破区域之间的边界，加强非遗文化传承人跨区域交流，在保证各种非遗文化"本真性"的同时，进一步拓展其发展空间，使得区域之间非遗文化传承和发展呈现"多元一体"的良性态势。另外，如今扑面而来的全球化浪潮也伴随着文化冲突，加强非遗文化的活态发展是区域文化在全球化背景下保持独立性是关键，鼓励和引导非遗文化传承人作为区域文化的"符号"，在国际舞台上讲好中国故事，传递中华优秀传统文化，是非遗文化与区域文化融合发展的重要意义所在。

（三）加强符合时代要求非遗文化传承人培养方式

基于非遗文化"活态性"的内在属性，其真正的价值体现在它的文化主体——人，所以面对各种传承困境以及断层问题，非遗文化传承人的培养十分重要。传统的师徒相承、家族相传等方式已经难以应对时代的要求，如今应当加强非遗文化传承人培养与教育模式的结合，从而形成一套完整且具有竞争力的传承体系。可尝试推行学校传承模式，增加传承人的培育数量，同时加大国家政策的扶持力度，吸引企业投资，形成非遗文化产品链式发展模式，使其具有一定的专业化和规模化。

此外，推动传承内容的数字化进程，将传承内容"解码"并"重组"，在口耳相传、书面教授等传统方式的基础上，增加新的输出模式，降低学习成本，简化学习难度，通过将学习过程规范化、标准化、精确化之后，减少曾经模糊的概念和指导方法下一些失误的出现，从而更加科学地进行非遗文化的学习和传承。在夯实非遗文化传承人传统培养方式的基础上拓展多元化培养路径，对于非遗文化的保护和传承具有重要意义，应当在保留根本的传统传承方式之上，对培养传承人的方式和路径等进行灵活改变，使非遗文化传承人具有能与时代对话的相应的竞争力和知识水平。

（四）促进非遗文化创造性转化

非遗文化的传承困境和消失受到诸多因素的影响，但在客观因素当中，其传统的传承方式和发展模式极大程度上制约了非遗文化的传承，在现代化发展中，较难应对文化的发展速度，在传承人群体受到制约的情况下，加之学习的时间成本较高，在非遗文化被传承下来之前很有可能就淡出了人们的视野。

非遗文化的受众本身就较为小众化，促进非遗文化创造性转化的研究迫在眉睫，要与时俱行，在保留优秀且有借鉴价值的传统内容基础上，结合现代化手段和当地实际情况，对其表现形式进行改造，使其能够符合当今大众的需求，从而再次激活其生命力。

总之，有关非遗文化传承人的研究从未中断过，国家也重视和持续关注这一问题。关注和研究非遗文化传承人，对于保护和传承非遗文化，丰富和发展中华优秀传统文化，促进文化交流，增进民族团结，推动经济社会可持续发展，以及文化繁荣，意义重大。

第五节　非遗文化的未来保护规划

随着全球化和现代化的发展，非遗文化面临着日益严峻的挑战。为了保护这些宝贵的文化遗产，制定全面的未来保护规划至关重要。因此，非遗文化的未来保护规划如下。

第一，全面立法和政策支持。加强国家层面的非遗文化保护立法，确保法律明确、系统，能够覆盖各个环节，包括传承、保护、研究、传播等。政策上，要提供财政支持，建立专项基金，鼓励地方政府和企业参与保护工作，形成合力。

第二，传承人培养和激励。加强传承人的培养，特别是注重年轻一代的培养计划。建立奖励机制，对积极参与非遗文化传承的个人和团体给予荣誉和奖励，鼓励他们承担传承责任。

第三，社区参与和意识提升。鼓励社区居民积极参与非遗文化项目的保护和传承，形成社区共识和自觉行动。开展非遗文化宣传活动，提高公众对非遗文化的认知和重视程度。

第四，现代科技的运用。利用数字化技术手段对非遗文化进行记录、存档和传播，建设非遗文化数据库和数字化平台，使非遗文化得以广泛传播，赋予其新的生命力。

第五，国际交流与合作。加强国际的非遗文化交流与合作，通过联合申遗、展览交流等方式，促进各国之间的文化交流与理解，共同保护和传承非遗文化。

第六，教育融入与学校合作。将非遗文化融入教育体系，从小学开始普及传统文化知识，培养学生对非遗文化的兴趣和认同。学校可以与非遗文化传承人合作，开设非遗文化课程和活动，让年轻人更好地了解、传承和发展非遗文化。

第七，项目优先保护。优先保护那些濒临失传的非遗文化项目，特别是面临较大威胁的项目。对重要、急需保护的非遗文化项目，采取有针对性的措施，确保其传承不断。

第八，科研与创新。加强对非遗文化的研究工作，推动传统技艺与现代科技的融合，发展新的非遗文化产业，为传承和保护提供更多可能性。

第九，媒体宣传与公众参与。利用多种媒体手段广泛宣传非遗文化的价值和魅力，吸引更多公众参与保护工作。同时，鼓励民间组织和志愿者的参与，形成多元化的保护网络。

第十，文化遗产保护意识建设。加强文化遗产保护意识的建设，让每个人都认识到自己是非遗文化的传承者和守护者。形成全社会共同参与非遗文化保护的良好氛围。

第十一，综合以上建议，未来非遗文化保护规划应该立足于立法与政策支持，强化传承人培养和社区参与，充分利用现代科技手段，加强国际交流与合作，融入教育体系，保护优先项目，加强科研与创新，增强宣传与公众参与，以及全面提升文化遗产保护意识。只有通过全社会的共同努力，才能更好地保护、传承和传播非遗文化，使其在未来得到更加充分的发展和传承。

第三章　非遗文化的区域传承实践

第一节　非遗文化的区域传承环境

非遗文化的区域传承是指特定地理区域内，将非遗文化进行代代相传和传承的过程。区域环境是指特定地理区域或地域范围内的自然和人为环境条件，包括气候、地形、生态系统、人口分布、城市规划、经济活动等。这些因素共同影响着该地区的生态系统、社会和经济发展。因此，非遗文化的区域传承环境分析如下。

一、非遗文化的区域传承气候因素

气候是区域环境中最基本的要素之一。它涵盖了气温、降水量、风向和风速等。不同的气候因素将影响植被、农作物种植、水资源以及人们的生活方式。气候因素作为非遗文化的区域传承的重要条件，对非遗文化的传承产生深远的影响，包括以下方面。

第一，气候对传统节庆的影响。许多非遗文化与传统的节庆活动有关。气候因素可以影响这些节庆活动的举行时间、方式和内容。如果气候因素发生变化，可能导致传统节庆的变革，从而影响到非遗文化的传承。

第二，气候对生产技艺的影响。一些非遗文化与特定的手工艺、生产技艺相关联，而这些技艺往往受到气候因素的制约。例如，某些特殊的手工艺可能需要特定的温度、湿度或季节条件才能进行，如果气候因素不再适宜，可能会导致相关技艺无法传承。

第三，气候对非遗文化传承者的影响。非遗文化传承通常是通过师傅传徒的方式进行，而传承者需要具备一定的身体条件和生活环境。例如，某些非遗文化技艺可能需要在户外进行，如果气候因素恶劣，可能会对传承者的健康和学习造成影响。

总之，气候因素是非遗文化区域传承环境的重要因素之一。随着气候变化的影响不断加深，相关部门和社区需要采取措施来保护和传承非遗文化，同时适应新的气候因素。

二、非遗文化的区域传承地形因素

地形是指地面的地貌特征，如山脉、平原、丘陵、河流和湖泊等。地形影响着水文循环、水资源分布、交通通道和建筑规划等。在非遗文化的传承与发展中，地形因素扮演着不可忽视的角色，影响着非物质文化遗产在特定地域的繁衍、传承与融合。

第一，地形直接影响着水文循环，决定了特定地区的气候条件和自然资源的分布。这些自然资源包括人类在非遗文化传承中所需要的原材料，比如特定植物、矿产或动物。不同地形的环境特点使得当地的非遗文化技艺和传统工艺在素材选择、加工方式上产生差异，因此非遗文化的表现形式往往因地制宜，形成了丰富多样的风格和特色。

第二，地形对水资源的分布与流动具有直接影响。在许多非遗文化中，水是必不可少的因素，例如水是染色工艺中的介质、是传统手工艺制作过程中的重要元素。而地形的不同导致水资源的丰缺变化，从而影响着非遗文化技艺的发展和继承。一些地区由于地势平坦，水资源相对丰富，促进了相关非遗文化的繁荣；而一些地区由于干旱或地势较高，可能需要更多的创新与适应，以保持非遗文化的传承。

第三，地形还影响着交通通道的形成与便捷性。在古代，交通受限制的地区非遗文化技艺更容易形成独特的地方特色，形成相对封闭的文化系统，与其他地域的文化相对独立。然而，随着现代交通技术的发展，地形对非遗文化的传播也产生了深远的影响。便利的交通通道使得不同地域的非遗文化相互交流融合，加速了非遗文化的跨地域传承和交流。

第四，地形因素还直接影响着当地的建筑规划与布局。许多非遗文化的传承需要特定的场所和环境，例如传统剧场、宗教场所或工艺作坊。地形的高低起伏、河流湖泊的分布等都会影响着建筑物的选址和布局，因此非遗文化的传承往往与地域的地形特征相互交织，形成了独具特色的文化景观。

三、非遗文化的区域传承人口分布与活动

人口分布和人类活动会影响区域环境。例如，大城市可能导致交通拥堵和污染，而农村地区的农业活动会影响土地利用和生态系统。在非遗文化区域传承中，人口分布和活动起着至关重要的作用。

第一，人口分布。非遗文化通常根植于特定的地域社群中，其传承和发展受到当地居民的参与和支持。这些地域社群可能是城市、乡村、少数民族聚居区等。人口分布对非遗文化的传承至关重要，因为传承需要有足够的传承者和传承环境。

第二，人口活动。非遗文化的传承需要在实践中进行，因此各种活动对于文化的保存至关重要。①表演和节庆。传统的表演艺术和节庆活动是非遗文化传承的重要组成部分。这些活动通常吸引着许多观众和参与者，有助于传承者将技艺传授给后代。②培训和学习班。为了确保传统技艺能够得以传承，许多地方都设立了非遗文化培训学校或者学习班，供有兴趣的人参加学习。③展览和交流活动。举办非遗文化展览和交流活动，有助于扩大传承的影响范围，吸引更多的参与者和支持者。④社区参与。非遗文化的传承需要整个社区的共同参与。地方政府、社会组织以及居民都可以在非遗文化传承活动中发挥重要作用，例如提供场地、经费、组织支持等。

总之，非遗文化在区域传承中需要考虑人口分布和相关的活动。通过吸引和激励当地居民的参与，保护和传承非遗文化才能够取得更好的成效。

四、非遗文化的区域传承经济活动

区域经济活动，如工业、农业、旅游业等，会对环境产生直接和间接的影响。工业排放、农药使用、旅游开发等可能对生态造成压力。非遗文化的区域传承与经济活动息息相关，非遗文化作为一个地域特色的文化资源，可以在经济方面发挥多方面的作用，促进地区的经济发展和文化产业的繁荣。以下是非遗文化在区域传承中的一些经济活动。

第一，文化旅游。非遗文化往往吸引着大量游客和文化爱好者，因此文化旅游是一个重要的经济活动。地区可以通过推广非遗文化，吸引游客前来参观、体验传统文化，从而促进旅游业的发展，增加地方经济收入。

第二，手工艺产业。许多非遗文化涉及传统手工艺技艺，如传统陶瓷、刺绣、木雕等。这些手工艺品具有独特的文化价值和艺术价值，可以作为文化创意产品进行销售，形成手工艺产业链，带动相关产业的发展。

第三，文化演出与展览。"随着我国消费升级的推动和对文化自信的强调，人们越来越注重生活品质与文化消费。"[①] 非遗文化的传承通常需要通过演出和展览来呈现。举办传统音乐、舞蹈、戏曲等演出，以及非遗文化展览，可以吸引观众和参与者，提供文化产品和服务，带动相关的文化消费和文化产业发展。

第四，文化教育培训。为了促进非遗文化的传承，地区可以开设相关的文化教育培训机构，提供非遗文化技艺的传承与学习。这些培训机构不仅有利于文化传承，还可以成为一种收费项目，为地方经济增加一定收入。

---

① 丘雨轲. 非遗文化体验的服务设计研究 [D]. 广州：广州大学，2021：1.

第五，文化产品销售。非遗文化的传承还可以促进相关文化产品的销售。例如，推广传统的特色食品、服饰、工艺品等，增加了地区的特色商品，吸引更多消费者购买。

第六，文化交流与合作。区域间的非遗文化传承也可以促进文化交流与合作。不同地区之间可以分享传承经验，合作举办文化活动，加强文化交流，带动文化旅游和文化创意产业的跨区域发展。

如今，对非遗文化的保护是当下区域文化和经济发展的重要前提，要作出适时、合理、积极的应对反应并制定相关措施，协调和促进区域文化建设和经济发展。对非遗文化的开发与利用要具体问题具体分析，要充分发挥非遗文化所具有的价值。借助非遗文化的保护与传承，来推动当地文化旅游等经济产业的发展。

五、非遗文化的区域传承城市规划

合理的城市规划和可持续发展政策可以帮助减轻环境压力，提高区域环境质量，并提供更好的生活条件。城市规划在非遗文化区域传承方面扮演着重要的角色。城市规划需要充分考虑非遗文化的传承，保护和弘扬传统文化，使其与城市的现代化发展相协调。因此，城市规划对非遗文化区域传承的影响可以从以下方面进行探讨。

第一，保护非遗文化资源。城市规划可以通过划定非遗文化保护区或文化遗产保护区，将非遗文化资源纳入城市规划体系中，并给予法律保护。规划限制了在这些区域内的建筑开发和土地使用，以确保非遗文化资源不受破坏和侵蚀，有利于其传承和发展。

第二，传承非遗文化技艺。城市规划可以为非遗文化技艺的传承创造有利条件。例如，规划中可以考虑将传统工艺的作坊或学习机构纳入城市布局，为传统手艺人提供合适的工作场所和教学环境，促进技艺的传承与培养。

第三，文化活动与场所。城市规划可以在非遗文化区域规划文化活动场所，如剧院、展览馆、文化中心等，以鼓励非遗文化的传统表演和展示。这些场所不仅可以吸引游客，也可以为本地居民提供更多了解和参与非遗文化的机会。

第四，文化旅游发展。合理的城市规划可以促进非遗文化旅游的发展。将非遗文化区域纳入旅游规划，为游客提供了解和体验传统文化的机会，同时也为非遗文化传承者提供了经济支持，鼓励他们继续传承和发展非遗文化技艺。

第五，社区参与与认同。城市规划需要注重社区参与，在规划过程中征求当地居民和非遗文化传承者的意见和建议。通过让社区居民参与规划决策，可以增加他们对非遗文化的认同感和自豪感，促进非遗文化的传承。

总体来说，城市规划对非遗文化区域传承的影响是多方面的，涵盖了保护、传承、发展、社区参与等方面。只有充分考虑非遗文化的价值和特点，并将其纳入城市规划的整体框架中，才能更好地保护和传承这些宝贵的非物质文化遗产。

第二节 非遗文化的区域文化生态特征

一、文化生态的概述

（一）文化生态的含义

文化生态是指一定时代文化各构成要素之间相互关联所呈现的形态，人类文化的各个部分之间相互作用所形成的整体，组成一种具有特征性的文化结构。文化生态的概念有两重重要立意：①在系统论意义上，文化生态把一定时代和社会的文化看作一个由许多文化因素相互影响、相互作用而形成的，可以进行结构功能主义分析的整体系统；②在借用生态学意义上，文化生态意指如同自然生态、经济生态、政治生态一样，关系到人类及其个体的生活内容和质量，乃至关系到人类及个体的生死存亡的文化环境和文化条件。文化生态的概念，既意味着人类的文化环境是诸多文化因素组成的有机统一体，也意味着文化环境是人类生存和发展的基础性条件。

文化生态是一种伴随人类文明的亘古存在，文化生态的相关理念早已有之。从全人类范围来看，当今世界不同文化之间的融合、交流与冲突、对抗的现象，不仅仅反映为不同文化间的时空性差异，而且往往涉及什么样的文化对于一个现实的人、民族、种族以及整个人类才是人道的和有利于其幸福的，即全人类的文化生态和文化关系的高度。

文化生态理念，就是着眼于人的文化生存状态，把文化体系及其因素直接与人的生存意义、价值和境界联系起来。基于文化生态的分析虽然也是对现实文化系统进行的一种解释，但它更是一种强调以人为本的文化生态的优化和构建。

（二）文化生态的理论研究

文化生态理论是一种借用生态科学的概念、原理、观点和方法来研究文化现象的理论，其在社会科学研究中的重要意义在于方法论上的优势，它运用系统论的原理，动态、发展地看待问题，并着重强调文化生成与文化环境之间的互动关系。这种研究方法上的优势使文化生态理论在社会科学的众多研究领域得到了广泛的应用。

1. 文化生态学在我国的理论进展

国内对文化生态学的引进和研究始于 20 世纪 80 年代。1983 年《民族译丛》上刊登了斯图尔德的文章《文化生态学的概念和方法》，随后又在 1985 年刊登了内亭的《文化生态学与生态人类学》，这两篇文章为国内学者了解文化生态学提供了渠道和思路。

20 世纪 90 年代以后文化生态理论研究的成果逐年递增。特别是近年来，文化生态已经成为学界的热点问题之一，涉及的问题也是多方面的，既包括对文化生态的概念和历史、文化生态学学科的定义和原理等方面的探究，也包括对文化生态失衡问题的思考以及对文化生态的保护与发展的探讨，成果颇为丰硕。纵观我国文化生态研究的发展历程不难发现，文化生态研究起步相对较晚，相关研究最初是从引进和借鉴国外的文化生态研究成果开始的。但正因如此，我国的研究起点也较高，国外的文化生态研究源自文化人类学，而我国的文化生态研究则兼具文化人类学和文化哲学两种视角，在探讨文化与环境之间关系的同时，也重点关注不同文化内部之间的关系。

此外，文化生态学理论自身内涵也在研究中获得了进一步丰富和拓展。从文化生态学理论的演进特征来看，现代文化生态学的观点有两个方面值得借鉴：①区域文化生态的研究角度。区域性可以延伸出基于对比的特征研究，相较于传统文化研究对文化特征的描述而言，对区域文化生态特质的把握在系统性上更进了一步。②微观、中观到宏观的逐层递进和深化。微观研究对宏观研究的贡献在于，抽象和提炼出最基本的文化特征，成为认识区域文化特质的基础；中观研究的意义则表现为，对文化景观及其人文背景关系的深入挖掘，夯实了三大层面文化研究的内容。

2. 文化生态理论的实践价值

文化研究的价值与目的是建设文化和发展文化，从实践的角度看，要将文化生态理论用于指导文化建设和促进文化发展，才能使它具有时代的意义。

（1）文化生态自身的建设。从宏观层面来看，我们党提出了构建和谐社会的战略任务与和谐文化的建设要求。和谐思想和价值观只有成为文化系统的主流，渗透到文化的各个层面，才有可能为构建和谐社会服务。和谐文化不仅仅是一种思想观念，而且也是一种生态，即文化生态系统的和谐状态，需要从文化生态的视野来进行自身的建设，目标是使文化内部和外部的结构优化，文化的资源与环境合理配置，文化生存和发展的条件得到改善，文化的系统功能得到有效实现。

（2）文化生态学的价值立场对于文化实践的指导。文化生态系统中的要素发生变动，将导致其他关联的要素发生改变，会造成文化的变迁和文化生态的变迁，因此，文化生态学研究文化生态的立场是把握其整体性、关联性和互动性,生态平衡和有序发展观是其价值立场。

3. 文化生态学的方法论

从理论研究的角度来看,文化生态理论对理论界的贡献在很大程度上源于其方法论的科学性和系统性。文化生态学的方法论是指对文化生态所涉及问题的认识、处理的指导性原则和方法。从文化生态观的广度和深度范围来看,其方法论既是具体的科学方法论,也涉及哲学方法论的范畴。

(1) 系统结构论。文化生态学引用自然生态学的研究方法,以文化生态系统作为研究对象,把系统论作为核心理论,通过研究文化生态系统存在的条件和系统的结构机制,揭示其发生、发展和变化的规律。

第一,文化生态系统。文化生态系统是由自然系统、文化系统和社会系统构成的整体,其内部文化样态之间相互作用、相互影响的交互机制和结构形式是文化生态系统研究的主体。由于文化生态与地理环境和人活动的范围直接相关,文化生态具有很强的地域性特征。在城市研究中,城市文化生态系统可被认为是以城市为单位的区域文化生态系统,其内部每个区域又分别呈现出各自的文化生态系统独立性与整体性。文化生态系统研究的特征,体现为从区域性出发的研究方式。

第二,系统结构机制。文化生态系统中各组成要素和因子互相联系的形式,有其自身的规律和特殊机制。对系统结构的研究有助于解释结构关系的形成机制,并进一步寻求其内在发展的动力机制。

线性结构——文化生态链。文化生态链类似"食物链"的结构,是文化要素和因子相互连接构成的线性结构形式,反映了文化生态系统的动力结构机制,链的连接作用产生了文化因子的相互关联,动力传输作用产生了文化因子的交流和相互影响。动力可以来自自然的条件或偶然的因素,但更多的来自人类社会的主动干预,包括政策、设计、宣传、劝导、利益驱动等。

面结构——文化生态网。文化生态链自身为线性结构,但文化生态链之间的交叉互联又产生了"节点",节点使文化生态链向新的方向延伸,多条文化生态链通过文化生态节点连接成为网状,构成具有一定面积的网状结构和树状结构,形成更大范围的文化生态网。比如小学到大学的教育生态链中间又有社会教育、家庭教育、成人教育、企业的岗位培训、非物质文化传承教育等其他方向的延伸。

体结构——文化生态场。文化生态链和文化生态网的交织强化了这种场的作用,从而形成文化生态场。点、链、网、场使文化因子有了各自的文化生态位,因子之间既存在连接结构的平衡，也存在力的平衡，文化因子的相互协调和相互动力作用构成了系统的协调和运作动力。

四维结构——文化生态环境。文化生态环境是文化产生和发展的环境条件，是一种时空环境，包括空间要素与时间要素。传统文化经过代代传承，不断演变，形成一条历史性的文化生态链。空间链同时又与时间链交叉在一起，各条时间链演变的不同步构成了文化生态环境中传统文化和现代文化并存、共生的现象。而各条空间链跨度的不等则造成本土文化和外来文化的冲突与相互吸收的状况。

（2）生态功能论。文化生态系统内部各层级、各种因子之间相互影响、相互制约，始终处于一种结构关系和功能关系之中，各组成部分一方面发挥着各自的作用，同时也通过结构来对其他因子发挥作用，因子的功能总和构成了系统的功能，是一种生态关系。文化生态功能论即着眼于研究文化生态系统结构的优化，使文化生态系统能够发挥其良性的功能。

第一，平衡与发展。生态平衡是一种生态系统成熟和优化的状态。自然生态系统的平衡是指生物和自然环境之间彼此适应、协调和统一的状态。一方面，生物种类和数量构成比例趋于稳定，另一方面还要获得非生物环境（如空气、阳光、水、土等）条件的稳定。生态平衡是一种动态的平衡，具有历时性的特点。随着时空的推移，物种和环境任何一个因子发生变化，就将导致生态系统的变化而打破原来的平衡，这时系统将需要随着时空条件的变动来调节、优化自身的运转机制，从而趋向于新的平衡，这就是生态系统的调节功能。与自然生态系统一样，文化生态系统的平衡表现为文化物种（文化因子、要素和内部的子系统）的稳定和文化环境（文化生存和发展的时空环境）的稳定，两者的稳定关系才能构成文化生态系统的平衡。文化建设的总体优化结果，就是实现文化生态系统的平衡。因此，文化生态系统的动态平衡，是平衡和发展的统一，有序的发展是保证系统平衡发展的前提，而文化创新则是文化生态系统可持续发展的内在驱动力。

第二，多样与统一。对生态系统而言，物种多样性是系统平衡的一个重要条件，也是系统生态规律的体现。在自然生态系统中，自然界物种的多样性使生态系统更容易达到平衡和优化的状态，比如鱼类在大海中生存与在鱼缸中生存的差别。以人类为主体的文化生态系统具有与自然生态系统同样的生态规律，文化物种的多样性是其生存和发展的必要条件。在文化生态系统中，文化因子间的相互影响、促进，使文化形态的质量得到优化和提升；相互渗透、叠加，使文化形态得以发挥创新的功能，从而产生更多的文化新物种。

4. 文化生态理论研究领域的拓展

文化生态学的研究核心是文化生态，把文化看作一个有生命的机体，借用自然生态规律来研究文化存在与发展的环境、结构、秩序和状态。

（1）文化生态理论与民族研究。非遗文化是民族精神的载体和人类文明的结晶。在民族研究中引入文化生态学的原理，来分析和理解非遗文化差异，探求非遗文化的生存机理和发展机制，是民族学界的一项重要研究课题。20世纪80年代以来，深入研究非遗文化与环境生态关系的研究成果不断涌现。这些成果主要体现在以下两个方面：①研究民族环境与非遗文化生态的关系。②对文化生态圈的研究。

（2）文化生态理论与社会研究。文化生态学研究文化系统和环境，而社会环境是文化赖以生存和发展的背景，因此文化生态理论与社会学研究关系密切。

第一，体现在文化与社会的系统关系上，文化生态系统是由自然、社会、经济、文化等子系统组成的，各子系统之间是一种相互影响、相互作用的生态关系，社会对文化的影响不仅复杂，而且更为直接。从某种意义上来说，文化是社会的产物，而社会生活也是由文化所构成的，广义的文化包括了精神与物质财富，因此在文化生态系统中，文化系统与社会系统是一种密不可分的互构结构。

第二，文化生态的环境既包括来自社会、经济、政治及各类非正式制度约束下的人文社会环境，也包括来自自然地理状况等形成的物理环境，诸类环境要素通过文化生态融合为一个不可分割的整体，因此，从文化生态学角度看，文化生态是社会视野与生态视野的统一，社会系统是其研究主体，文化实践和文化生产不仅源于社会秩序，它们本身也是构建这种社会秩序的重要因素。

（3）文化生态理论与城市研究。在城市化进程中，城市演进的复杂性及其自身的演进规律越来越受到理论界的重视，并进入文化生态的研究视野。城市社会在进入工业时代之后发生了巨变，其内部文化的过度主体性造成了现代城市文化的自然生态危机，同时文化内部也存在着严重的文化危机，城市文化生态的复杂性与演变性为城市研究提出了新的课题，而文化生态理论则为城市研究提供了新的转向动力。城市物质空间的发展应有利于自然空间的可持续性，同时作为"文化载体"的空间应有利于实现城市文化多元发展、生态系统复合与延续发展态势，形成"城市—文化—生态"一体化发展。实现城市文化和生态环境之间的和谐发展，建设可持续发展的城市。

二、非遗文化的区域文化生态特征体现

区域文化生态是指在地域范围内一个族群对其所处环境的适应性体系，是一个由物质文化、社会文化、精神文化所构成的主体环境和由自然环境、社会环境构成的环境系统所组成的有机整体。非遗文化的区域文化生态特征是指非遗文化在不同地域所表现出的特有

文化生态现象和特征。非遗文化的区域文化生态特征体现在以下方面。

第一，地域传承特色。不同地域的非遗文化项目在传承过程中，会受到当地文化背景、历史传统等的影响，形成独特的地域传承特色。比如，中国的京剧在北京、昆曲在昆山、评弹在苏州等，都有着浓厚的地方特色。

第二，地域生态适应。非遗文化项目通常与当地的自然环境、气候、生活方式相适应，形成一种独特的生态文化。例如，地方传统的手工艺品可能会使用当地特有的材料和工具，与当地资源环境相协调。

第三，地域社会参与。非遗文化是社会的共同财富，通常需要社区、家庭、个人等多方参与才能传承和发展。在不同地域，社区组织、家庭传统以及个人的参与程度可能各异。

第四，地域历史渊源。非遗文化项目通常具有深厚的历史渊源，与地域的历史文化紧密相关。这些历史渊源会影响非遗文化项目的表现形式和内涵。

第五，地域文化交融。一些地域非遗文化项目可能因为历史的交往和文化融合，形成独特的文化风貌。例如，丝绸之路沿线的非遗文化项目，吸收了东西方文化的交融特点。

第六，地域传统庆典。许多非遗文化项目与当地的传统节庆活动相结合，成为庆典活动的一部分。这些庆典不仅展示了非遗文化的魅力，也反映了地域文化的多样性。

第七，地域经济发展。一些地方的非遗文化项目还可能成为当地经济的重要支柱，吸引着游客和市民参与，促进旅游业和手工艺产业的繁荣。

总之，非遗文化的区域生态特征并非孤立存在的，而是与地域的社会、经济和历史等多个方面密切相关，共同构成了地域独特的文化景观。这些特征的传承和发展，需要社会各界共同努力，保护和传承非遗文化的同时，也要使其与现代社会相融合，继续传承发展。

第三节　非遗文化的区域保护强化策略

加强非遗文化的区域保护强化，不仅有利于非遗文化的自信和认同，也有助于地域文化生态的繁荣和发展，推动中国特色社会主义精神建设。非遗文化的区域保护强化策略如下。

一、树立区域保护意识

为了确保这些独特而珍贵的文化传承得以延续，我们需要采取一系列有效的保护措施。以下是一些非遗文化区域保护宣传方面的策略。

第一，制定政策法规。建立相关法律法规是非遗文化保护的首要任务。政府应制定专门的法律和政策，明确非遗文化的保护地位，明确责任主体，包括相关的政府机构、文化组织以及社会团体等。这些法规将为非遗文化保护提供法律支持，鼓励更多的参与者投入到非遗文化保护工作中。

第二，加强宣传教育。对于非遗文化的传承和保护，宣传教育起着关键作用。政府可以通过广播、电视、互联网等媒体渠道，推广非遗文化的价值和意义。同时，学校教育也应该加入非遗文化相关的课程，让年轻一代从小了解、熟悉并尊重这些传统文化。

第三，区域文化活动举办。举办各类非遗文化展览、传统节庆等活动是非常重要的策略。通过这些活动，人们可以亲身体验非遗文化，感受其中的魅力，增强对非遗文化的认同感。此外，展览和节庆活动也为非遗文化传承者提供了展示和传授技艺的平台。

二、进行区域调查研究

为了更好地保护、传承和发展非遗文化，进行区域调查研究是非常必要的。

第一，调查规划。为了确保非遗文化调查研究的顺利开展和科学性，需要制定具体的调查规划。首先，明确调查的目标和目的，明确调查的范围，可以是一个城市、一个地区，甚至是一个村落。其次，明确调查的内容，例如对传统技艺、民俗习惯、口头传承等进行系统地梳理和记录。然后，合理安排调查的时间节点，确保能够充分调查到非遗文化的全貌。最后，确定调查的方法和手段，可以采用问卷调查、深度访谈、实地观察等方式，以获取全面的数据。

第二，资源整合。非遗文化的调查研究需要跨学科的参与和专业的指导。因此，要充分整合相关的学术机构、专家团队等资源。可以与民族学、人类学、文化遗产保护等领域的研究机构建立合作关系，借助他们的专业知识和经验，提高调查研究的专业性和深度。此外，还可以邀请当地的非遗文化传承人、老师傅等，让他们参与调查研究，从他们那里获取更加真实的非遗文化信息。

第三，社区参与。非遗文化承载着民族的历史记忆和文化传承，它不仅是专家学者研究的对象，更是广大民众共同的文化记忆。因此，在进行区域调查研究时，需要鼓励区域内居民积极参与。可以通过开展非遗文化宣传活动，组织社区讲座或座谈会等形式，让居民了解非遗文化的重要性和意义，增强他们的文化自觉性。同时，收集他们对非遗文化的认知、感受和需求，形成多元化的调查视角。通过社区参与，能够更加深入地了解非遗文化在当地的传承现状和面临的挑战，为后续的保护和传承工作提供有益的参考依据。

总之，非遗文化的区域调查研究策略包括调查规划、资源整合和社区参与三个方面。

只有在有条不紊地进行科学规划、整合相关资源的支持和参与、广泛动员社区居民参与的情况下，我们才能更全面地了解非遗文化的价值和现状，更好地传承和保护这些宝贵的文化遗产。

三、合理的资金投入

建立合理的资金投入策略是保护非遗文化的首要任务之一。

第一，资金评估。对非遗文化项目保护的需求进行综合评估是资金投入的前提。这包括对各项非遗文化项目的保护紧迫程度、传承状态、文化价值以及社会影响等方面的综合考量。在评估过程中，可以与相关专家学者合作，借鉴国际经验，确保评估结果客观准确。根据评估结果，确定资金投入的优先级，将重点放在亟须拯救和传承的非遗文化项目上，并合理分配资金，确保资源的最大化利用。

第二，政府支持。政府在非遗文化保护中扮演着重要角色。因此，各级政府应当设立专项资金，用于支持非遗文化的保护工作。这些专项资金可以用于项目的研究、整理、传承、培训以及非遗文化传承人的激励等方面。同时，政府还应该鼓励非遗文化项目向国家和地方财政申请资金支持，建立相应的申请和审核机制，确保资源的公平分配。

第三，多元筹措。除了依赖政府支持外，鼓励社会各界参与是保护非遗文化的重要方式。可以通过开展非遗文化保护的募捐活动，吸引社会各界的爱心捐助。同时，还可以积极寻求与企业、文化机构、非营利组织等合作，共同推动非遗文化的保护事业。此外，通过开展相关的文化活动、展览和销售非遗文化产品，进一步拓宽资金来源渠道。

在资金筹措方面，需要强调透明度和资金的合理使用。相关部门应当及时公布募捐和使用资金的情况，接受社会监督。同时，要建立科学的资金管理制度，确保每一笔资金都用在实实在在的保护工作上，避免浪费和滥用。

总之，非遗文化的保护是一个综合性的工程，需要政府、社会各界以及广大民众共同参与。建立合理的资金投入策略，从资金评估、政府支持到多元筹措，是保护非遗文化的关键举措。通过有效的资金保障，我们可以更好地传承和发展非遗文化，让优秀的传统文化在当代焕发新的生机与活力。

四、本土化的开发与创新

在现代社会的冲击下，传统文化面临着许多挑战，而本土化的开发与创新策略是保护非遗文化的有效途径。

第一，传承与创新。为了保护非遗文化，鼓励非遗文化传承人和从业者将传统元素与现代创意相结合，创造出具有地域特色的创新作品是至关重要的。这样的融合不仅可以使传统文化焕发新的生机，还能吸引更广泛的观众并培育市场。例如，传统的手工艺可以与现代设计相结合，产生出独特且具有吸引力的艺术品。同时，传承人也应该积极利用现代科技手段，如数字化、虚拟现实等，将非遗文化传播出去，让更多人了解和欣赏。

第二，培育产业。非遗文化产业的发展对于保护传统文化至关重要。政府和社会应该支持非遗文化产业的发展，提供相应的政策和经济支持。同时，为了帮助相关从业者提高生产技术和经营管理水平，可以开设相关培训课程和工作坊。培育产业还需要拓宽市场渠道，将非遗文化产品推向更广阔的市场，提高其市场竞争力。在这个过程中，可以借助电商平台、文化旅游等手段，增加产品的曝光率，吸引更多消费者。

第三，地域特色。推动非遗文化本土化开发时，需要注重体现区域独特的文化特色。每个地区都有自己独特的非遗文化，这些文化是地域发展的宝贵财富。因此，开发和传承非遗文化时，应该尊重每个地区的独特性，避免简单地复制粘贴。在非遗文化产品的开发中，可以加入当地特色元素，使其与地方经济社会发展相融合。同时，也要鼓励地方政府和社会各界积极参与非遗文化保护和传承工作，形成全社会共同参与的合力。

综合而言，非遗文化的保护与发展是一个复杂而长期的过程。需要政府、社会各界和传承人共同努力，采取多种策略和手段，将传统文化与现代社会相结合，保护传统的同时，为其注入新的活力。通过传承与创新、培育产业和地域特色的战略，我们有信心保护好非遗文化，让其在现代社会中继续发扬光大。

五、构建数字化档案

为了更好地保护和传承非遗文化，数字化档案的构建是一项至关重要的任务。通过将非遗文化的相关资料、图片、视频等数字化整理和归档，可以更好地管理和传承这些珍贵的文化遗产。以下是实施区域保护数字化档案的三个策略。

第一，数字化资源整理。数字化资源整理是构建非遗文化数字化档案的第一步。相关资料、图片、视频等应该被逐步数字化，然后归档到专门建立的数据库中。在数字化整理过程中，应该注重对文档的准确性和完整性，确保其信息的真实可靠。同时，要采取适当的技术手段和数据格式，以保证档案的长期保存和可持续利用。

在整理数字化资源的过程中，也应该尊重和保护相关非遗文化的知识产权。避免侵权行为，尊重相关文化代表和传承人的意愿，确保数字化档案的合法性和合规性。

第二，资源共享。数字化档案资源的共享是非遗文化传承的重要环节。通过鼓励将数字化档案资源共享给公众和学术界，可以增加非遗文化的传播力和影响力，让更多人了解和关注这些传统文化。

共享的方式可以多样化，可以建立数字档案资源的在线平台，也可以通过合作与交流将资源提供给其他文化机构和学术研究机构。同时，鼓励社区、学校等地方教育机构将这些资源融入教学中，让更多年轻一代了解和学习非遗文化。

第三，网络平台建设。为了更好地展示和传播非遗文化数字化档案资源，需要构建专门的网络平台。这个平台可以作为一个在线展览馆，向公众展示非遗文化的魅力。同时，平台还应该提供在线浏览和学习功能，让用户可以方便地获取相关的资料和知识。

在网络平台建设过程中，要注重用户体验和界面设计，使其易于使用和导航。同时，要保障网络平台的安全性，防止未经授权的访问和下载，确保数字化档案资源的安全和完整。

总结起来，非遗文化的区域保护数字化档案构建策略包括数字化资源整理、资源共享和网络平台建设。通过这些策略的实施，可以更好地保护和传承非遗文化，让更多人了解和重视这一宝贵的文化遗产。保护非遗文化，是我们每个人的责任，也是对文化多样性的尊重和维护。

六、利用新媒体传播

随着社会的不断发展，新媒体成为传播信息的重要渠道，对于非遗文化的保护和传承也具有重要意义。下面将结合社交媒体宣传、短视频传播和线上互动三个方面，详细阐述非遗文化的区域保护新媒体传播策略。

第一，社交媒体宣传。社交媒体是吸引年轻人关注的热门平台，可以通过各种社交媒体渠道如微博、微信、抖音等，开展非遗文化宣传推广活动。首先，建立非遗文化官方账号，定期发布非遗文化项目的介绍、非遗文化传承人的故事以及非遗文化展览活动等内容，让更多的人了解非遗文化的魅力和价值。其次，利用社交媒体的传播特性，开展线上互动，例如举办非遗文化知识竞答、抢先观展等活动，吸引用户积极参与，增加非遗文化的影响力和传播度。

第二，短视频传播。年轻人对于信息的接受更倾向于简短有趣的形式，短视频是吸引年轻群体关注的有效方式。因此，针对不同非遗文化项目，可以制作一系列生动有趣的短视频，展示非遗文化技艺的精髓和独特之处。这些短视频不仅可以在社交媒体平台上发布，也可以上传到视频分享平台，吸引更多的观众观看和传播。此外，可以邀请知名网络红人或艺人参与视频制作，增加非遗文化在年轻人中的知名度和影响力。

第三，线上互动。线上互动是拉近观众与非遗文化之间距离的有效手段。可以定期组织非遗文化的线上直播活动，让传承人亲自展示技艺，与观众进行互动，解答问题，增加观众的参与感和代入感。在线上直播的过程中，还可以设置打赏或小礼品送发活动，进一步激发观众的兴趣和参与热情。另外，可以在社交媒体平台上开展非遗文化话题的线上讨论，邀请专家学者参与，引导大众深入了解非遗文化的历史和内涵。

总之，充分利用社交媒体宣传、短视频传播和线上互动等新媒体传播策略，可以将非遗文化传承和保护工作推向新高度。通过吸引更多年轻人的关注和参与，让非遗文化在当代得到更好的传承与发展，实现非遗文化的保护和传承目标。同时，新媒体的传播方式也将使非遗文化与现代生活更好地融合，让传统文化在当代焕发新的生机与活力。

七、建设非遗文化生产性保护基地

随着现代化的发展，许多非遗文化项目受到威胁，为了保护和传承这些宝贵的文化遗产，建设非遗文化生产性保护基地成为一种重要的战略。以下是建设非遗文化生产性保护基地的三大策略。

第一，选址规划。选址规划是建设非遗文化生产性保护基地的第一步，需要谨慎选择适宜的区域，确保其与相关资源紧密结合。①需要考虑基地所在地是否与非遗文化项目的发源地或传承地相近，这有助于保持传统技艺的纯粹性和原汁原味。②考虑当地是否有丰富的文化底蕴和传统文化氛围，这将有助于传承人和从业者在日常生产中保持文化传统的情感联系。③基地选址还应考虑交通便利程度和基础设施建设，方便文化爱好者、游客和学者前来参观交流，推动非遗文化的传播。

第二，设施建设。非遗文化生产性保护基地的设施建设至关重要，这将直接影响到非遗文化项目传承人和从业者的工作环境和创作条件。基地需要配备必要的生产设施，例如传统手工艺品加工场所、织造车间、陶艺工坊等，以提供合适的场所进行非遗文化技艺的传承和创作。此外，还应提供先进的保护设备，确保文化遗产的保存和展示。基地的设计也应充分考虑环保和节能因素，避免对周边环境造成不良影响。通过提供良好的工作环境，激发传承人和从业者的创作热情，促进非遗文化项目的创新发展。

第三，培训支持。培训支持是非遗文化生产性保护基地的另一个重要组成部分。基地应为保护基地的从业人员提供相关培训和技术支持，以提高其传统技艺的水平和保护意识。这包括传统工艺技巧的传承培训、历史文化知识的传授、保护与修复技术的学习等。通过培训，传承人和从业者可以不断增强对非遗文化项目的了解和认同，增强文化自信心，从而更好地传承和发展传统技艺。同时，培训支持还应包括市场营销和管理等方面的知识，帮助传承人和从业者更好地适应现代社会的发展需求。

总之，建设非遗文化生产性保护基地是保护和传承非物质文化遗产的重要举措。通过科学合理的选址规划，设施建设和培训支持，可以为非遗文化项目传承人和从业者创造一个良好的工作环境，提升非遗文化技艺水平，同时促进非遗文化的传播与发展。这将有助于实现非遗文化的保护与传承，让这些宝贵的文化遗产在现代社会中继续绽放光彩。

八、采取国际化发展策略

在实现非遗文化的区域保护过程中，采取国际化发展策略将成为一种积极而有效的手段。

第一，文化交流合作。加强与其他国家和地区的非遗文化交流合作，借鉴其保护经验和管理模式。文化交流合作是非遗文化保护的重要组成部分。各国和地区拥有各自独特的非遗文化传统，通过与其他国家和地区展开合作，可以促进不同文化之间的相互了解与尊重。在交流合作的过程中，可以学习到其他国家和地区在非遗文化保护方面的经验和成功做法。这不仅有助于避免重复劳动，还能为本国的非遗文化保护工作提供新的思路和灵感。

第二，此外，文化交流合作还能够加强国际的友谊与合作关系。通过共同关心和保护各自的非遗文化，各国可以在共同的文化价值基础上建立联系，进而在其他领域展开更深入的合作。这种文化外交也能够增进国家形象，提升国家的软实力和国际影响力。

第三，文化展示活动。举办非遗文化展览、表演等活动是向世界展示本国非遗文化的重要方式。通过将非遗文化呈现在国际舞台上，可以吸引更多的国际观众和游客前来观赏，从而增进他们对非遗文化的了解与认同。这些展示活动还能够激发观众对非遗文化的兴趣，吸引更多的人参与到非遗文化传承的行列中来。在举办文化展示活动时，需要注意保持其地道性和正宗性。过度商业化或者过度改编可能会导致非遗文化的失真和模糊。因此，政府和相关文化机构需要加强对展示活动的监管和指导，确保其展示出的是真正的非遗文化传统。

第四，国际合作项目。参与国际组织和项目，共同推进非遗文化的国际认知和保护工作。参与国际组织和项目是加强非遗文化国际合作的重要途径。这些组织和项目通常由多个国家联合参与，共同致力于保护和传承人类非物质文化遗产。通过加入这些组织，国家可以分享自己的经验，也能够借鉴其他国家的经验。同时，国际组织和项目还可以为非遗文化的国际认知和保护提供重要的平台和资源支持。

在参与国际合作项目的过程中，需要积极发挥主导作用，推动项目的有效实施。同时，还需要注意在合作中保持平等和尊重。只有在共商共建共享的基础上，才能实现非遗文化保护事业的可持续发展。

总之，非遗文化的区域保护国际化发展策略涉及文化交流合作、文化展示活动以及国际合作项目三个方面。这些策略的实施将有助于加强非遗文化的保护与传承，促进传统文化的发展，提升非遗文化的价值和影响力。同时，这需要政府、社会组织、专业机构和公众的共同参与，形成合力，共同推进非遗文化的保护事业。只有文化传承得到有效保护，我们的世界才能更加多元且充满活力。

第四节　非遗文化的区域教育传承实践

一、非遗文化的中小学教育传承

（一）中小学教育传承的必要性

我国土地广袤，区域规模与差异较大。中小学非遗文化传承区域推进是指地方政府部门在整体统筹、治理规约、专业引领、协作共享理念指导下，高位入手、顶层设计，合理规划区域内中小学非遗文化传承，消除共同影响与制约中小学非遗文化传承的障碍因素，采取有效措施推动、协调、指导与监督中小学非遗文化传承，促进中小学非遗文化传承走出困境，深入发展。

1. 有助于为中小学非遗文化传承提供坚实保障

（1）区域推进主张着眼区域，整体统筹与布局辖区内中小学非遗文化传承，这要求政府部门制定专门性政策，设计与规划辖区内中小学非遗文化活动，切实保障非遗文化传承顺利推进。在区域推进中，地方政府部门作为政策制定主体，可以效仿山东省济南市、泰安市的做法，颁发中小学非遗文化传承政策文件，系统规划辖区内中小学非遗文化传承思想目标、主要内容、组织领导、支持措施，为中小学非遗文化传承提供坚实的政策保障。

（2）丰富多样的资源需求使得中小学单纯依靠自身力量开发非遗文化项目难度大、成本高，难以保证非遗文化传承的持续性与常规化。区域推进致力于充分挖掘与整合辖区内非遗文化资源，促进中小学非遗文化传承优质发展，这要求政府部门加强资源供给，不断提升中小学非遗文化传承水平与活力。在区域推进中，地方政府部门可以充分运用行政与财政手段，委派非遗文化专家、教育专家协助学校推进非遗文化传承，为中小学提供充足的资金支持，帮助中小学协调、整合与开发区域内非遗文化资源，因此有助于化解资源困境，为中小学非遗文化传承提供坚实的资源保障。

2. 有助于提升中小学非遗文化传承规范性

地方政府部门通过积极发挥文化与公共服务职能，强化对中小学非遗文化传承的管理、指导与监督，能有效提升非遗文化传承规范性，保障辖区内中小学非遗文化传承有序推进。

（1）在区域推进中，地方政府部门可以充分发挥治理职能，完善非遗文化校园传承治理制度，变革非遗文化校园传承治理方式，改进非遗文化校园传承治理过程中的决策、组织、协调与反馈机制，切实保障中小学非遗文化传承有条不紊、合乎规范。

（2）区域推进旨在改善中小学非遗文化传承质量、提升中小学非遗文化传承实效，这要求政府部门提供针对性指导，保障中小学非遗文化传承稳步、高效推进。在区域推进中，地方政府部门可以充分发挥专业技术优势，委派教育研究人员、非遗文化研究人员指导中小学非遗文化课程开发、非遗文化教学实施与学生非遗文化社团建设，召开中小学研讨会交流非遗文化传承经验，及时矫正中小学非遗文化传承过程中存在的偏差，化解中小学在非遗文化传承中遇到的难题，促进中小学科学、合理地开展非遗文化传承活动。

（3）区域推进作为政府部门发起、组织与实施的规范性、长期性与区域性活动，需要有效监督辖区内中小学非遗文化传承状况，保证政府部门制定的非遗文化校园传承政策得以贯彻落实。在区域推进中，政府部门可以充分发挥监督职能，审查中小学非遗文化传承年度规划，听取中小学非遗文化传承工作报告，委派监督人员考察非遗文化传承进展，确保中小学非遗文化传承符合区域规划的目标与要求，不断提升中小学非遗文化传承规范性。

3. 有助于促进中小学非遗文化传承整体均衡

地方政府在区域教育均衡发展中发挥着主导作用，政府部门通过制定区域教育发展规划、统筹分配教育经费与教育资源，能够有效促进区域教育优质均衡发展。

（1）区域推进致力于促进辖区内中小学非遗文化传承整体、均衡发展，这要求政府部门整体设计中小学非遗文化传承，妥善配置区域非遗文化资源，有效缩小区域内中小学非遗文化传承差距。在区域推进中，地方政府部门可以充分发挥宏观调控作用，着眼全局、统筹规划，合理安排非遗文化传承人，整体调配中小学非遗文化传承经费，科学筹划非遗文化资源开发与分配。因此，推动弱势学校非遗文化传承显著发展，促进区域内中小学非遗文化传承整体均衡；区域推进有利于化解部分非遗文化重复开发、部分非遗文化无人问津的问题，使地方非遗文化得到有效保护与传承。

（2）区域推进是多种力量协同推进中小学非遗文化传承的活动，包括政府部门、企业、非政府组织、非营利机构等，这要求政府部门充分调动地方非遗文化保护力量，构建中小学非遗文化传承区域联动机制，强化各组织机构之间的合作与共享，有效聚合优质非遗文化资源，共同推进中小学非遗文化传承。因此，有助于打破中小学非遗文化传承孤军奋战、资源独享的局面，弥合中小学非遗文化传承在教师、经验、素材、成果方面的差距，有效提升中小学非遗文化传承整体均衡。

（二）中小学教育传承的实践目标体系建构

1. 提炼校园非遗文化保护的目标内涵

非遗文化保护维度下具体的目标模块设计，需要进一步分析国家的非遗文化保护体系。落实到"非遗文化进校园"，将学生设定为保护实践的主体，可以表述为：整理、研究非遗文化项目，学习知识与体验非遗文化技艺，了解非遗文化常识、知识，学习利用非遗文化资源。

2. 非遗文化保护对校园的诉求

相比于常见的校园教育教学活动，"非遗文化进校园"带有明显的社会属性。"非遗文化进校园"的发起和组织力量是社会的。"非遗文化进校园"活动也主要由地方文旅部门提供支持，而非教育部门独自操办；"非遗文化进校园"教育实践活动的主要授课人是非遗文化传承人等社会人员，而非教师。"非遗文化进校园"的核心目标是助力非遗文化传承保护。"非遗文化进校园""非遗文化进（在）社区""非遗文化进景区"，这些非遗文化保护活动其实都是非遗文化保护相关部门设计和推动的系列活动，旨在在社会各种场所、语境下开展非遗文化保护，助力非遗文化传承，所以，"非遗文化进校园"的目标首先是保护非遗文化。

"非遗文化进校园"是因为其对校园有诉求，即希望借助校园，借助学生教育进行非遗文化传承传播，助力非遗文化保护。设计"非遗文化进校园"教育目标体系时，要有非遗文化保护维度，且要将之作为首要目标。

3. 学生教育对非遗文化的诉求

"非遗文化进校园"活动开展的空间可以是校园，也可以是校园的延伸状态，比如外出研学的课堂等。校园空间有利于非遗文化得到更好的教育传承和传播，但也对非遗文化保护有一定限制。"非遗文化进校园"的活动实践主体是学生、教师、校园管理人员等。"非遗文化进校园"看似与"非遗文化进景区""非遗文化进校园"类似，但又有着独特性，不可以照搬进景区、进社区的直接经验，而是要深入分析校园内各实践主体对非遗文化的诉求和期待，然后制定符合校园教育、学生发展的"非遗文化进校园"教育实践活动目标体系，在非遗文化保护和学生教育之间寻求平衡。

事实上，学生教育对非遗文化确有诉求，非遗文化教育可以与学生教育有机结合。结合相关类别信息，基于校园对传统文化教育的需求，"非遗文化进校园"可以与学生教育的目标和内容等有机结合。

非遗文化具有丰富的社会内涵、复合的文化特性，在一定程度上能满足学生教育关注社会等相关教育需求。"非遗文化进校园"具有极强的校园属性，这就要求教育实践必须考虑校园语境的特点。基于对传统文化、"五育"融合和学生发展核心素养等内容的分析，可以发现其对非遗文化的诉求，所以在目标框架中加入学生教育维度是可行的。基于对"非遗文化进校园"社会属性、校园属性的分析。"非遗文化进校园"教育实践目标体系在宏观上可以包含非遗文化保护和学生教育两个维度，且以非遗文化保护为首要的、核心的目标。

4. 设计非遗文化保护目标的层级

了解和学习非遗文化常识、知识，主要对应知识认知；体验和实践非遗文化技艺，主要对应实践应用；利用和转化非遗文化资源、整理和研究非遗文化项目，主要对应分析、综合，在更高年级也可涉及评价。这样的划分可以反映学生在"非遗文化进校园"相关学习中对非遗文化和非遗文化保护的认知程度和参与度。

在知识层级（了解和学习非遗文化常识、知识），学生只需要主动或被动听课、听讲座或者观看学习材料等，即可基本完成，执行的复杂程度低，参与度低。

在应用层级（体验和实践非遗文化技艺），学生需要学习非遗文化相关的知识和操作技艺，还要完成相关的实践活动和一定的制作任务，相较于上一层级，执行更为复杂，要调动更多的知识储备和主观积极性，参与度较高。

在分析综合层级（利用和转化非遗文化资源、整理和研究非遗文化项目），主要强调将学习语境下的非遗文化知识和技能转化应用到别的场景，生产新的产品，解决新的问题，这在执行上就更加复杂，且能充分反映学习者的主观能动性，是对非遗文化知识技能和非遗文化保护的理念延展，是高于身体实践的理念践行。

基于不断提升的参与度，我们可以发现，学生从被动参与或者低水平参与逐渐向高水平参与发展，这在一定程度上反映了学生对非遗文化和非遗文化保护的情感接受，从最初的认识逐步发展到认同。这其实是"非遗文化进校园"的内在目标，即培养学生对非遗文化、非遗文化保护的情感认同。

采用"认知—实践—认同"的基本逻辑来描述非遗文化保护维度下的微观模块，让学生在非遗文化保护学习实践过程中学习知识、参与实践、获得认同。

5. 完善学生教育体系

"非遗文化进校园"教育实践十分有利于当下教育工作重点的落实。基于此，"非遗文化进校园"教育实践目标体系学生教育维度，可以以核心素养和"五育"教育为主，在"认知—实践—认同"的基本逻辑下，配合"非遗文化保护"相关内容生成完整的体系。

（1）"了解和学习非遗文化常识、知识"侧重智育，关注知识教育，挖掘非遗文化知识、常识与学科知识教育的联系，意在提升学生人文底蕴、科学精神。

（2）"体验和实践非遗文化技艺"侧重体育、美育和劳动教育，关注技艺、技能实践，挖掘非遗文化技艺和实践与体美劳等实践性课程的联系，在兼顾人文底蕴与科学精神的同时，侧重引导学生学习和健康生活。

（3）"利用和转化非遗文化资源、整理和研究非遗文化项目"侧重德育，关注实践转化与情感认同，挖掘非遗文化和非遗文化保护文化内涵和内在精神与德育的联系，强调社会参与，培养责任担当与实践创新。在具体操作中，不同模块可以交叠，每一个模块的学生教育目标也需要进一步细化，结合义务教育和高中学段教育教学标准和核心素养编制更具体的细则。

（三）中小学教育传承的强化策略

1. 加强组织领导，成立工作小组

加强行政部门之间的交流与合作，联合设立专门工作小组负责中小学非遗文化传承，真正把非遗文化保护与传承的政策、举措落到实处。成立工作小组是区域推进中小学非遗文化传承的第一步，有了工作小组，学校非遗文化传承就处于有人负责的状态，广大中小学校遇到问题，就知道向谁反映，申请解决。

2. 加强顶层设计，制定整体规划

要避免中小学非遗文化传承出现政策缺位、失范无序等问题，工作小组需要加强顶层设计与整体规划，引导区域内中小学科学、有序地推进非遗文化传承。

（1）工作小组要了解当地非遗文化整体状况，掌握非遗文化保护与传承进展，明确中小学非遗文化传承现状，在此基础上规划中小学非遗文化传承项目，建立中小学非遗文化传承名录。

（2）统筹区域教育发展规划和非遗文化保护与传承规划，将中小学非遗文化传承与区域教育发展相结合，在区域教育发展规划的指导下开展中小学非遗文化传承顶层设计，制定中小学非遗文化传承专门性政策，明确中小学非遗文化传承的指导思想、总体目标、阶段任务、保障政策、职责分工等，为中小学非遗文化传承提供指引。

（3）基于政策文件制定中小学非遗文化传承阶段性实施方案，明确中小学非遗文化传承活动宗旨、主题口号、活动内容、传承形式、活动安排与具体要求等，确保中小学非遗文化传承合理、有序推进。

（4）可以采取"试点先行+精准帮扶"的推进策略，在有条件的中小学率先实践，建设一批引领非遗文化传承的试点学校。借助试点学校的先行实践，积极探索非遗文化传承路径，总结非遗文化传承经验，把握非遗文化传承规律，进而充分发挥引领、示范与辐射作用，带动区域内中小学非遗文化传承整体发展。借助政府、企业、高校、社会团体优质资源对非遗文化传承薄弱学校对口实施精准帮扶，不断提升薄弱学校非遗文化传承水平，缩小区域内中小学非遗文化传承差距。

3. 加强机制建设，提供良好条件

工作小组应强化机制建设，构建非遗文化传承师资保障、资源供给、合作共享机制，为中小学非遗文化传承顺利推进创造良好环境。建设了"传统+特色"课程开发机制、"多维课堂"教学机制及"内外联动"推广机制，为中小学有效传承地方非遗文化夯实了基础。

（1）建设非遗文化传承师资保障机制。一方面，完善非遗文化传承人聘用与培训机制，加强非遗文化传承人与中小学对接，提升非遗文化传承人教学能力与师德修养；另一方面，对承担非遗文化教学任务的中小学教师开展专门培训，通过非遗文化专家讲座、非遗文化传承人授课、非遗文化传承基地实践等方式，增进教师非遗文化技艺，提升教师非遗文化素养。

（2）完善中小学非遗文化传承资源供给机制。一方面，强化资金支持，建立专项财政扶持制度，给予非遗文化传承学校适当资金倾斜，向受聘非遗文化传承人发放津贴，确保中小学非遗文化传承拥有充足的经费；另一方面，建设中小学非遗文化传承资源库，系统收集本地区中小学非遗文化教学案例、社团活动资料、表演展示素材，开发中小学非遗文化传承微视频、微动漫、微电影等数字化资源，开发场地、设备与道具，组织课程专家与非遗文化传承人编制非遗文化教材，为中小学非遗文化传承提供必要的资源支持。

（3）完善中小学非遗文化传承合作与共享机制。①强化中小学与高校、企业、科研院所、艺术院团、非遗文化团体等组织机构的联系，通过实施非遗文化研究、非遗文化社

实践、非遗文化志愿服务、非遗文化夏令营等项目,打破中小学与校外组织机构之间的合作壁垒与资源阻隔,使中小学能充分借助校外组织机构的力量,共享优质非遗文化资源。②协调中小学校之间的关系,通过推进非遗文化校园传承线上平台、非遗文化课程开发、非遗文化社团活动、非遗文化教学成果汇演等项目,加强中小学校之间的交流合作与资源共享,促进中小学非遗文化传承优质均衡发展。

4. 加强指导监督,保证正确方向发展

为提升中小学非遗文化传承科学性与规范性,推动辖区内中小学非遗文化传承顺利实施,工作小组应加强指导与监督力度,扩大指导与监督范围,不仅注重基地学校非遗文化传承实施状况,还要对非基地学校非遗文化传承给予充分关照。

(1) 加强中小学非遗文化传承指导。①工作小组应系统梳理与分析已有非遗文化校园传承研究成果,总结典型的中小学非遗文化传承课程开发案例、教学实施案例、社团活动案例与宣传推广案例,提炼形成具有规律性、可推广性的操作规范,供中小学借鉴与应用。②工作小组应成立由教育专家、非遗文化研究专家、非遗文化传承人、非遗文化教育人员组成的智库,并委派智库成员对中小学非遗文化传承进行指导,包括协助中小学引入非遗文化项目、制定非遗文化传承方案、开发非遗文化资源、实施非遗文化教学等,注重对中小学非遗文化传承开展互动式诊断与定期回访,为中小学提供更具针对性的长效改进建议。

(2) 加强中小学非遗文化传承监督。工作小组应建立非遗文化校园传承监督制度,强化对中小学非遗文化传承的针对性、现场性与跟踪性监督,重点关注中小学非遗文化传承的指导思想、机制建设、资源开发、实施过程与实施成效;工作小组可以联合县或区教研部门,深入考察、研究中小学非遗文化传承活动,总结取得的进展与经验,分析存在的问题并予以及时反馈、化解,确保中小学非遗文化传承朝着正确方向发展。

(四) 中小学教育传承的实践

1. 非遗蓝印花布艺术的中小学教育传承

蓝印花布作为我国非物质文化遗产,蕴涵着中国人独特的审美趣味和生活情调。把非遗蓝印花布艺术引入到泰安中小学教育中,不但可以增进泰安中小学学生的人文素质和对祖国传统文化的热爱,还可以使泰安中小学学生肩负起保护和传承非遗蓝印花布的重任,推动非遗蓝印花布艺术的有效传承。

非遗蓝印花布艺术在中小学艺术教育中的传承方式包括民间艺人师徒式传承、课堂式

传承模式、非遗蓝印花布工作室传承、非遗蓝印花布学生社团传承、非遗蓝印花布实训基地传承。中小学开设非遗蓝印花布课程，校内主要进行简单理论教学和基础实践，非遗蓝印花布技艺的操作还需要在实训基地进行。因此，中小学必须在传承人所在地建立非遗蓝印花布实训基地。

为了更好地传承非遗蓝印花布，最重要的就是培养非遗蓝印花布传承人。中小学是发现和培养非遗蓝印花布传承人的最佳土壤，在中小学开设非遗蓝印花布课程教育，不仅可以让中小学学生了解非遗蓝印花布艺术，激发中小学学生学习非遗蓝印花布艺术的热情，还可以唤起中小学学生继承和发扬非遗蓝印花布艺术的责任感，为非遗蓝印花布艺术的传承提供保障。

2. 非遗剪纸艺术的中小学教育传承

中国的剪纸艺术源远流长，是中华文化的重要表现形式之一，体现着中国人的精神与审美。让非遗剪纸艺术走进中小学美术教育，不仅有利于提升学生的审美水平，而且能加深学生对中华文化的认知，有利于非遗手工艺的传承与发展。

中小学美术教育作为美术教育的基础部分，是学生最早接触的美术系统教育，对其后续的美术专业教育意义重大。让非遗剪纸艺术走进课堂能够让学生直观感受到中国民间艺术的美，填补部分学校传统美术教育的空缺，同时为美术教育课程提供更多的课题资源，丰富美术教育内容，拓宽教育范围。非遗剪纸艺术融入美术教育的建议如下。

（1）丰富非遗剪纸课程。将非遗剪纸艺术融入美术课，可以增强学生的动手能力。将剪纸过程融入美术教育，通过展示内容多样的艺术成果可以提高学生的美术素养，通过极具生命力的选材过程与制作过程可以提高学生对剪纸流程的兴趣。剪纸课程需要的工具简单，动手操作并不复杂且具有巨大的创作空间，因此学生能够自主、全面地完成创作，发散思维，提升审美认知和美术修养。

（2）提高学生审美水平。非遗剪纸艺术经历了漫长的岁月沉淀，具有极强的审美性与故事性，地域性审美风格强烈。因此在美术教学过程中，教师需要逐步引导学生了解、欣赏剪纸艺术等民间艺术的美，引导学生通过剪纸活动了解和欣赏传统美学。

（3）培养学生创造性。传承与发展非遗文化艺术少不了创新，而学习与创新也是我国中小学美术教育理念的重心。作为民间艺术的剪纸艺术，注重的是对民俗生活的记录和创新思维、动手能力的展现。剪纸材料简单易携，这给学生的课堂创造提供了有利条件。

二、非遗文化的高校教育传承

高校得益于地域优势、传承优势、学术优势，构建非物质文化教育体系，能更好发挥大学的育人功能，提升青年学生的民族素质，丰富学生的民族胸怀，增强学生的民族认同感，从而，重新审视自己的非遗文化观。高校参与非遗文化传承对保护非遗文化精华、促进中华传统文化生态建设、保持非遗文化的自主性和独立性、捍卫国家文化主权的意义重大。高校教育传承的教师、学者具备足够的学术储备和民族情怀，并有能力对本地区的土家族、苗族的非遗文化进行挖掘、整理。同时，利用高校优越的电子阅览室、图书馆等技术优势，尽最大可能将这些口口相传的非遗文化遗产转化为文字、文本等理论形式，传承并发展这些传统文化遗产。高校在开展非物质文化教育、传播本地非遗文化的过程中，加强了学生们对本土文化的认知，激发了学生们的民族情怀，也实现了对非遗文化人才的培养。

（一）高校教育传承的路径模式

1. 立足本土文化，构建具有民族特色的课程体系

（1）通过对活态的非遗文化在课堂上重现，赋予其新的生命。

（2）通过各种实践性课程学习的探索，培养具有非遗文化创造力的技能型人才，服务于当地的产业经济。

2. 服务本土文化，开展非遗文化的理论研究

（1）围绕本地民族文化，步入民间，组织田野考察，系统深入地研究本地非遗文化，开展多项国家级、市级民族教育课题研究，升级非遗文化的保护，促进地方的非遗文化产业发展。

（2）组织教师编写本地的民族研究系列丛书，系统展示民族语言、表演艺术、风俗礼仪节庆、传统手工艺技能、生活聚居地等内容，对学生实现非遗文化的全覆盖，提升学生的文化认同感。

（3）借助于高校平台，承办以非遗文化特色传承为主题的研讨会、非遗文化论坛等，开展文化交流，集思广益保护非遗文化。

3. 弘扬本土文化，构建非物质文化教育传承平台

（1）建立非遗文化科研基地，对已经认定的本土非遗文化建立起国家级、市级、县级的系统的档案体系，维护好非遗文化命脉。

（2）建设"非遗文化传人+高校教师"的新型教师队伍，推动非遗文化的传承建设。①引进企业的民族工艺师或非遗文化传承人，在课堂进行传习活动。②培养非遗文化素养较高的教师，积极探索非遗文化保护的理论，与非遗文化传承人的实践教学相得益彰。

（3）加强校园非遗文化活动建设，推动非遗文化的宣传。通过非遗文化节、校园宣传栏、校园官方微博、短视频等多样化的平台，对全校师生、全社会开展非遗文化宣传，弘扬本地非遗文化，提升学校的非遗文化素质建设。

（二）高校教育传承的实践

1. 非遗龙灯舞的高校教育传承

布依族传统龙灯舞，俗称"布依族耍龙"，被称为中华民族的文化瑰宝，是布依族群众生产生活和风俗习惯的综合表现，也是布依族人民智慧的结晶，更是中华优秀传统文化的重要组成部分。布依族传统龙灯舞在高校教育传承对策如下。

（1）多途径提升师资力量，加强师资队伍建设。布依族传统龙灯舞在高校的开展离不开一支拥有专业能力强、专业素养高的教师队伍。加大布依族传统龙灯舞的师资力量，以此来加强师资队伍建设：①邀请民间布依族传统龙灯舞的传承人到学校对任课教师进行指导培训，教师通过在教学中不断实践，提高专业技能，以此来改变课堂教学的整体效果；②采取教师人才引进与教师外出培训的方式，增加布依族传统龙灯舞教师的数量，充实师资队伍，提高师资技术水平和教学能力，培养一支专兼结合、能力突出的师资队伍；③布依族传统龙灯舞教师应利用多方面的有利因素和空闲时间对布依族传统龙灯舞展开学习和研究，培养自己终身学习的意识，丰富自己的专业知识，用积极的态度去影响、改变学生，促进学生的学习与发展。

（2）加大资金支持，扩宽资金来源。高校应从多个方面改善龙灯舞教学场地设施不够完善的状况。①高校应改变传统观念，积极配合体育强国的发展战略，重视对体育非遗文化运动项目的保护，进一步加大对教学场地及教学器材的建设与维护的资金支持。②高校可以加强与社会企业之间的合作，为布依族传统龙灯舞在高校教育的开展传承积极引入社会资金，扩宽资金来源的渠道，缓解自身资金不足的压力。

（3）创新多元化教学模式。创新多元化的教学模式要以学生为中心，结合当代社会的发展特点，对教学模式加以创新，根据学生学习环境、兴趣爱好，开展布依族传统龙灯舞的各种教学活动，满足学生多样化的需求。教师只有在教学中不断创新多元化教学模式，通过应用创新的方法开展布依族传统龙灯舞的教学，增强学生对布依族传统龙灯舞的学习兴趣，才能有效地将布依族传统龙灯舞在课堂的教学作用发挥到极致。

（4）丰富校园文化建设，加大布依族传统龙灯舞宣传。高校通过组建布依族传统龙灯舞社团，让更多感兴趣的学生参与到该项目中，发挥学生的主观能动性，营造丰富且健康的校园文化氛围。组建布依族传统龙灯舞训练队，通过参加学校开展的各种活动表演布依族传统龙灯舞，加大对布依族传统龙灯舞的宣传。还可以通过广播、标语、海报等多种形式宣传布依族传统龙灯舞的民族文化精神，提高学生对布依族传统龙灯舞的认知，调动学生的主动性和积极性，增强参与意识、培养组织能力，促进学生人生观、价值观的形成。

2. 非遗景德镇陶瓷的高校教育传承

景德镇作为举世闻名的瓷都，以陶瓷手工艺为代表的陶瓷类非遗文化内容丰富，是最具特色、最具代表性的中国传统文化之一，承载着我国传统陶瓷手工艺连绵不断的文化底蕴。利用高校平台实现非遗文化的传承与传播，让非遗文化活起来，能够在增强新一代大学生的文化自觉和文化自信的同时，推进"景德镇国家陶瓷文化传承创新试验区"建设，实现传统非遗文化走向现代社会。

景德镇陶瓷非遗文化融入高校艺术教育中的传承路径如下。

（1）构建特色化的陶瓷非遗文化人才培养模式。高校教育承担着人才培养、知识的传递和传播、人才输入社会并服务社会的重要职责，以培养人才为己任，以输出人才为目的。要实现非遗文化与教育的融合，首要的是在高校构建景德镇陶瓷非遗文化特色人才培养模式。设置人才培养目标，即通过非遗文化资源在高校理论与实践教学中的融入，培养学生感知非遗文化的文化魅力，掌握陶瓷非遗文化的基本知识，并自觉传承与传播陶瓷非遗文化。对景德镇陶瓷非遗文化人才的培养不仅是高校教育的主要内容，也要充分考虑到非遗文化人才对社会的输出。通过在校耳濡目染的系统学习，学生在毕业后将发挥人才优势，一部分可直接成为陶瓷非遗文化新一代的传承人，一部分从事与陶瓷非遗的相关工作，还有一部分从事艺术设计工作，将景德镇陶瓷非遗文化传播到世界各地，让年轻一代成为非遗文化传承的重要力量。

（2）组建专业化的陶瓷非遗文化师资教学团队。要实现景德镇陶瓷非遗文化的传承与传播，离不开对教师这一实施教育的主体进行师资培训和团队建设，以适应人才培养的需求。①根据学科专业和课程，选拔优秀主讲教师组建景德镇陶瓷非遗文化教学团队，注意老中青合理搭配，为非遗文化课程建设做好师资准备。②聘请校外优秀的陶瓷非遗文化传承人成为教师团队的一部分，既可在校内设置大师工作室，定期给团队老师进行项目传习，培育和壮大非遗文化传承人队伍，又可进课堂对学生直接授课，同时将校外非遗文化传承人的工作室作为学生参观和实践的第二课堂，这些都可拉近非遗文化技艺与大学生的距离。③实现"导师制"和"项目制"，导师和学生的师徒关系即如同非遗文化传承的师徒关系一样，导师依托一定的教学和科研项目传授知识。诸如景德镇陶瓷大学、景德镇学院的教师既有陶瓷世家传人和陶瓷艺术大师，也有著名的陶瓷文化研究学者，都可成为非遗文化教师团队的主力军。

(3) 构建丰富的景德镇陶瓷非遗文化课程。陶瓷非遗文化课程体系构建的核心是"在传承中教育,在教育中传承"。在遵循特色人才培养目标的前提下,梳理和整合陶瓷非遗文化资源,以文字、图片和影像方式加以记录和归档,并依据其不同的类型,建立非遗文化电子资源库,供各专业教师检索和使用,最终使非遗文化能在艺术专业和非艺术专业课程针对性融入,形成既有关联又有所区别的独立课程群[①]。

(4) 以科研项目为依托的陶瓷非遗文化传播与输出。构建对陶瓷非遗文化更为立体、更为充实的知识体系。通过成果的发表或展示,让国内外对陶瓷文化感兴趣的人,都能充分了解和学习景德镇陶瓷非遗文化的知识,这对陶瓷非遗文化"走出去"具有重要的意义。

(5) 建设校内外陶瓷非遗文化基地与传承实践平台。高校非遗文化人才培养基地及其传承实践平台是培养非遗文化人才、展示非遗文化成果的重要窗口,它既是挖掘非遗文化资源、实施教学与实践、发挥非遗文化创意功能的平台,也是形成支撑非遗文化进校园的科研基础。建立校内非遗文化传承实训基地,融教学、研究、实践为一体,将"产、学、研"落到实处,形成非遗文化研究与传承的长效化。目前,景德镇陶瓷非遗文化实践平台以及人才实践培养基地主要集中在地方高校(景德镇陶瓷大学、景德镇学院、江西陶瓷工艺美术职业技术学院)和陶瓷科研单位(中国轻工业陶瓷研究所、江西省陶瓷研究所、景德镇市陶瓷研究所)。

(6) 开发具有地域特色的陶瓷非遗文化衍生品。实现景德镇陶瓷非遗文化的保护与传承,还应开拓传承思维,将非遗文化与现代元素融合,把传统而古老的文化内容转化为新兴的、带有体验效能的文化衍生品。在"景德镇国家陶瓷文化传承创新试验区"的建设背景下,景德镇城市旅游品牌形象正着力打造,高校师生应积极组建陶瓷文创团队,深度融合"陶瓷文化+旅游",开发具有地域特色的陶瓷非遗文化衍生品、旅游文创产品,并将作品投放市场、融入生活,同时将作品与国内外展览、赛事相衔接,推动陶瓷文化在现代社会的良性循环。

三、非遗文化的社区教育传承实践

社区教育传承是指将非遗文化传承与社区教育相结合,通过社区的组织和教育活动,将非遗文化知识、技艺和价值观传授给后代,促进非遗文化的传承和发展。加强社区非遗

---

① 景德镇陶瓷大学,已开设的在线开放课程包括《走进"CHINA":中国陶瓷鉴赏与制作》《陶瓷技术史》《中国陶瓷美学》等,供校内校外学生根据兴趣选择性学习。在其他已经开设的通识性课程——《中国陶瓷史》《明代陶瓷审美文化》《艺术鉴赏与艺术批评》《影视美学》等课程。

文化认同，开展社区非遗文化教育，使非遗文化得到持续性传承发展。社区教育传承非遗文化有以下几个重要方面。

第一，传统技艺传承。在社区内组织传统手工艺、音乐、舞蹈等技艺的传承课程和培训，让有传承经验的老师传授给年轻一代，以确保技艺的延续。

第二，举办文化活动。通过在社区内组织非遗文化展览、演出、比赛等活动，让社区居民和孩子们亲身感受、体验和参与其中，增强对传统文化的认知和兴趣。

第三，讲座与讨论。定期邀请非遗文化传承人、专家学者到社区举办讲座和座谈会，向社区居民介绍非遗文化项目的历史、文化内涵和保护意义，激发社区居民对非遗文化的认同感和自豪感。

第四，建立非遗文化工作室。在社区内建立非遗文化工作室，提供展示、学习和交流的空间，鼓励社区居民积极参与非遗文化的传承与创新。

第五，建立档案资料。在社区内建立非遗文化档案资料室，收集整理有关非遗文化项目的资料和传承人口述历史，形成非遗文化的传承记忆。

第六，建立专项扶持资金，推进社区非遗文化体验馆、传习所、研修班的建设开展，扩大非遗文化传承人员基数，逐渐形成以代表性传承人为核心、以一般性传承人为基础的非遗文化传承体系。

第七，线上教育。除了常规的线下非遗文化项目体验等活动形式外，线上教育也可作为一种有效途径。可利用微信、抖音、快手等受众群体庞大的社交平台，发布非遗文化的历史演变、表现形式、制作过程等相关文章和视频，突出其内容完整、形式新颖、语言活泼等特点，以达到扩大受众群和影响力的目的。总之，通过社区教育传承非遗文化，可以让非遗文化项目得到更广泛的传承和弘扬，同时使社区居民更好地了解和认识自己的文化传统，增强文化自信，促进社区的文化繁荣和社会凝聚力。

第四章　非遗文化的新媒体传播发展

第一节　非遗文化的纪录片影像传播

历史上，对于非遗文化的记录，主要通过文字和绘画进行记载，或者是以"口口相传"的形式存在于民间，难以形成直观的可视化影像。经过长期非遗文化保护工作的开展，非遗文化保护已经改变了中国人的文化价值观，激发"文化自觉"和"文化自信"。随着新媒体技术被广泛应用，视听技术的演绎与表达较诸语言文字的描述具备更为直观具象的优势，非遗文化的纪实影像相较于文字式非遗文化的成果正在渐趋丰富，通过影像的力量，让非遗文化在当代社会焕发新的生机与活力。

纪录片的影像保存功能，正是弥补文字、绘画、摄影等记录手段的不足。新媒体时代下的纪录片具有可复制、可传播的特征，融媒体时代又为纪录片的传播途径打开了新的视野。非遗文化纪录片影像通过媒介能够快速传播，让受众多维度地欣赏非遗文化的魅力，通过影像资料进一步了解中华民族的优秀文化，增强国人的民族认同感与自豪感，从而呼吁更多的人加入保护与传承非遗文化的阵营中。

一、非遗文化纪录片影像传播的新媒体时代要求

第一，短小精悍。新媒体平台的受众往往具有快节奏的生活方式，因此短时间内吸引观众的注意力是关键。非遗文化纪录片影像需要打破传统的传播方式，让受众不仅可以在电视上观看，也可以在各种网络平台上观看，并且减少每集影片的时长，用微纪录的形式去传播，从而适应现代受众的观影习惯。

第二，创新视角。与传统电视台不同，新媒体平台注重创新和新颖的视角。非遗文化纪录片影像可以通过讲述有趣的故事、挖掘不为人知的历史背景或展示非遗文化与现代社会的融合等方式来吸引观众。

第三，视觉冲击力。视觉效果在新媒体上具有重要作用。高清晰度、精美的摄影和创

意的视觉呈现能够增强观众的体验,并使纪录片更加引人注目。

第四,文化上的"IP① 化"。非遗文化纪录片影像在新媒体时代需构建文化 IP,创新故事、赋灵魂,形成独特 IP 品牌,保护知识产权,获影响力与经济收益。系列化可降低成本,加强文化间粘性,吸引观众。形成品牌后,持续运营。利用 IP 推广模式,联合图书、影像产业,开发图书、音像产品,推出非遗文化衍生品,尝试影院转化,实现全方位文化传播。

第五,多平台传播。新媒体平台常常与社交媒体渠道密切结合,因此,非遗文化纪录片影像需要在不同平台上进行宣传和推广。社交媒体上的剪辑或预告片也能吸引更多观众。

第六,互动体验。新媒体技术使观众可以更加积极地参与其中。为了增强观众的互动体验,一些非遗文化纪录片影像可能会采用虚拟现实、增强现实等技术。

第七,社会关注度。新媒体平台倾向于推广具有社会关注度的内容。通过探讨非遗文化的保护与传承,纪录片可能会更容易吸引观众的关注和共鸣。

第八,多语言字幕或配音。新媒体平台的全球受众来自不同的文化背景和语言地区。提供多语言字幕或配音可以让纪录片更易于传播和理解。

二、非遗文化纪录片影像传播的题材类型

第一,文献纪实片。对非遗文化的内容进行真实性的记录,不加入创作者的主观意图,单纯地对非遗文化的表演、产生进行过程化的记录,文献纪实题材可以作为非遗文化传承中重要的文献资料。

第二,叙事纪实片。相对于文献纪实片来说,叙事纪录片除了对非遗文化内容进行真实记录外,还加入了作者的审美倾向,在保证真实记录的前提下,运用影视语言对拍摄内容及故事进行表现,具有一定的美学特征。

第三,精神表达片。此类题材广泛地蕴含在各类非遗文化纪录片影像中,通过对非遗文化的故事性记录,塑造影片的戏剧性,除强调非遗文化的文化内涵外,还映射了传承人的匠人精神,以及更高一层次的中国精神等。如非遗文化纪录片影像《手造中国》中对景德镇瓷器匠人的影视化呈现,通过叙述二十多名匠人的故事,把复杂的瓷器制作过程进行真实记录,以体现匠人精神的伟大。

---

① 知识产权(Intellectual Property, IP)是指人类创造的智力成果所享有的权利,这些成果包括但不限于发明、发现、文学和艺术作品、商标、商业秘密、专利和版权等。知识产权的保护旨在鼓励创新,以激励个人和组织投入时间、精力和资源来推动社会和经济的进步。

三、非遗文化纪录片影像传播的影像表现

（一）镜头语言的视觉表达

1. 固定镜头有利于营造纪实表现

固定镜头通常是运用固定的摄像机位置，以及固定的镜头焦距去拍摄对象，在一定时间内，始终保持画面外框的固定。非遗文化纪录片影像的固定镜头有利于表现被拍对象的客观性，可以较稳定地展现对大场景的描述，能够让观众清晰地看见影片中所交代的环境，从而突出被拍对象所存在的地点。

2. 长镜头有利于加强故事连贯

长镜头是影视语言的一种表现形态，是针对短镜头而言的，不受时间的限制，可以较长时间对拍摄事物进行真实的记录，增强纪录片的客观性以及故事的连贯性。纪录片中的长镜头可以实现景别及镜头运动的变化，单个长镜头内不允许剪接，需要保持拍摄的连续性，让观众感受到影片表现内容的完整。真实完整的记录，正是非遗文化纪录片影像所需要的重要内容。例如，央视《非遗中国行》栏目就与内蒙古文化厅等单位合作，制作了以走进内蒙古为主题的非遗文化纪录片影像，片中利用部分长镜头渲染了马背上的民族所生活的广阔草原，对内蒙古丰富的非遗文化进行长镜头的连贯叙述，增强了故事的连贯性与真实性。

3. 特写镜头有利于增强画面感染力

特写镜头是指拍摄人或物体的局部，从而有效捕捉人的面部、身体特征或某一物体的细节，它是景别的一种形式，依据摄像机与拍摄对象的距离远近而划定的。非遗文化纪录片影像中的特写镜头可以增强画面的表现力，塑造人物形象的感染力，起到让观众加深印象的作用，与其他形式的镜头形成强烈的对比关系。通常在非遗文化纪录片影像中，特写镜头经常用于表现匠人或传承人的专注、刻苦，也可以表现手工艺制作的严谨与细致。

（二）声音语言的情感表达

1. 声画同步有利于塑造真实空间

声画同步是指影片中既能看到拍摄对象又能看到声音的来源，声音和画面在空间上完全统一存在于镜头中。非遗文化纪录片影像在拍摄时，依靠录音设备对拍摄对象进行声音的录制，可以保持嘴型及表情的绝对同步，避免了后期配音的烦恼，也体现了纪录片的本

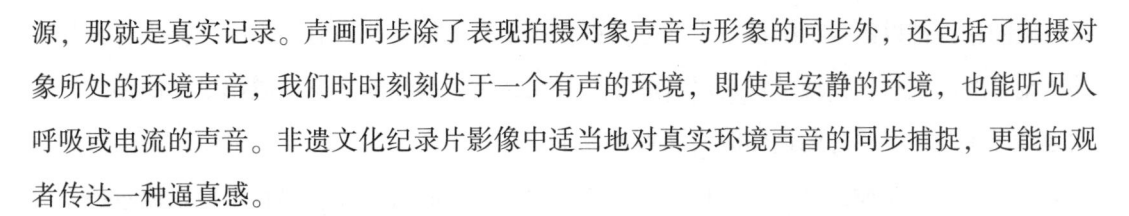

源,那就是真实记录。声画同步除了表现拍摄对象声音与形象的同步外,还包括了拍摄对象所处的环境声音,我们时时刻刻处于一个有声的环境,即使是安静的环境,也能听见人呼吸或电流的声音。非遗文化纪录片影像中适当地对真实环境声音的同步捕捉,更能向观者传达一种逼真感。

2. 解说词有利于助力画面表达

解说词是对画面内容进行的陈述式的讲解与描述,帮助观众更清晰地了解影片创作者想要传达的内容。非遗文化纪录片影像中使用解说词,不仅能够更好地对非遗文化的历史、所处的地域、制作技巧等内容进行解释与说明,还可以表达非遗文化背后的人文思想与价值。除此之外,解说词的连贯性还可以弥补因画面切换带来的割裂感,让影片更加顺畅、舒适。

3. 音乐有利于丰富情感层次

音乐是纪录片的组成元素之一,和歌曲音乐不同,它需要围绕纪录片的风格进行合理的选择与创作,并且可以扩充影片的情感表达,烘托人物的艺术感染力。优秀的纪录片音乐可以表现地域、文化的不同,也可以引领观众产生情绪的变化,深化作品主题。非遗文化纪录片影像一般使用的音乐为纯音乐,根据影片段落的不同,可以选择多个音乐进行情感铺垫,配合声画同步和解说词,让影片整体上饱满。音乐本身具有一种奇特的魅力,这种魅力与非遗文化纪录片影像结合,根据影片的深入与递进,展开情感的多层次表达。纪录片运用音乐的最高境界就是让观众在不知不觉中进行了情感的升华。

四、非遗文化纪录片影像传播的微制作

非遗文化纪录片影像是保护和传承非遗文化的手段之一,纪录片的发展要与时俱进,面向广大青年群体,将非遗文化纪录片影像以碎片化、网络化、年轻化的形式展现,与国际传播相连接,不断提升非遗文化的传播力和影响力。

(一)微纪录片的制播特点

微纪录片相对传统的纪录片,其时长和篇幅较短。微纪录片的传播形式更顺应了时代的潮流,以短篇幅、碎片化的制播特点,很好地融入现代的视频媒体中,完美地契合了现代新媒体用户对短篇幅纪录片内容的观看需求。

微纪录片在制播上还具有制作周期短的特点。常规的微纪录片由于其日程短、体量小,所以在拍摄和制作中,需要收集的拍摄素材和剪辑素材较少,即使需要将微纪录片的

每一帧的拍摄都以画报为标准，十几分钟的拍摄素材也能在几天时间内完成拍摄，而传统的微纪录片的素材拍摄通常都是以月起步，甚至达到年起步的状态，微纪录片的形式大幅度地降低了整体纪录片的创作时间和创作成本。

微纪录片的制播更高效，在现代的视频平台上，作品的上传与观看是要以流量成本为基础的，而微纪录片由于具有时长短、体量小等特点，其传播和观看所需的流量成本也更低，与传统的大型纪录片相比，微纪录片的传播速度更快，传播方式也更灵活。

（二）非遗微纪录片的内容制作特点

1. 题材来源具有客观真实性

非遗微纪录片也是纪录片的一种表现手法和传播形式，内容上的纪实和客观上的真实性，是纪录片的制作根本。非遗文化微纪录创作题材，其要表达的都是各地区、各民族中世代传承的真实的文化遗产，因此在微纪录片的创作中，仍然要保持着文化内容来源的真实性和具体技艺的真实性。在进行微纪录片的素材拍摄中，无论是非遗文化的传承者、文化的演变过程还是现在非遗文化传承面临的现状，都要以最真实的客观角度来拍摄，最大限度地保证非遗文化传承和传播的原真状态，确保微纪录片的拍摄的史料性具有实际参考意义。

2. 具有人文性的内涵表达

以非遗微纪录片的传播形式，通过对非遗文化相关内容采集，利用摄像镜头，为人们呈现最真实，富有人文意义、有温度的文化传承，以真实的镜头画面，详细记录非遗文化中的民俗技巧和流程，还原最真实的古老技艺，反映这些传统技艺的真实传承状态，引起社会群体对非遗文化的人文关怀，为后人留下具有明确参考价值的珍贵历史资料。

3. 非遗文化艺术性与再现还原的融合

优秀的非遗微纪录片可以充分激发观看者对非遗文化传承的兴趣，让观众从自身出发，以多种角度发掘非遗微纪录片中，潜在地对非遗文化传承的思考，并发自内心地接纳非遗文化的传承。

随着纪录片领域对艺术性的不断追求，近年来的非遗微纪录片的质量大幅度提升。每一音乐都具有优良的创作内容和丰富的艺术意蕴，不仅在画面的构造、灯光和音乐等的搭配上富有艺术气息，还在拍摄的过程中，大量使用特写镜头和留白镜头。在确保拍摄内容真实、准确的条件下，穿插生活化的传承故事，将传统的非遗文化技艺还原再现，使整个纪录片平稳又具有深意，呈现出一种娓娓道来的历史沉淀感，抓牢视频用户的审美需求。

（三）非遗微纪录片设计与制作

1. 建立跨越时间与空间的叙事结构

微纪录片的创作不仅受到内容的真实性和叙事的故事性的影响，还受到微纪录片整体的叙事结构的影响。非遗文化是各地区人民经过历史的沉淀凝聚出的智慧与文明的承载体，其在长时间的传承中不断地延续、优化，而在短短十几分钟的微纪录片中展示非遗文化的长久历史，体会非遗文化的起源、发展、优化、壮大和传承，能让观看者产生强烈的震撼感，让其对非遗文化的传承燃起强烈的代入感和使命感。

此外，创作者在建立微纪录片的叙事结构时，要注重缩减文化科普的强制性，多采取浸润式传播，扎根生活中的柔性体现，通过自然而然、潜移默化的浸润式的宣传手法，增强非遗微纪录片在国际上的传播能力和文化影响能力，从而引领国际非遗微纪录片的受众群体逐渐接触和理解中华传统文化，实现文化内容上的对外输出。

2. 运用故事化的叙事手法

微纪录片作为一种科教性较强的艺术表达，优秀的创作者和作品都应该具有优秀的故事性，微纪录片的设计与制作也是如此。非遗微纪录片的创作，更注重于事件和内容的真实性，所以大部分的创作者都是直接从实际生活中素材，在作品中适当地插入未经修饰的故事素材，让微纪录片中的人物特点和艺术技巧更加的饱满和鲜活，以这种具有故事性的拍摄技巧和叙事手法，来增强非遗微纪录片对广大社会群体的吸引力度。例如，在央视出品的《假如国宝会说话》这一非遗微纪录片中，就是在传统的微纪录片的基础上，穿插原生态的实景叙事，间接穿插部分动画或其他素描、插画、剪影等影像拍摄手段，来增强微纪录片的可看性及其影响力。创作者可以在撰写纪录片内容时，通过画外音、旁白、采访以及对话的表现手法，让纪录片中的内容更具有互动性和故事性。

3. 塑造平民化实践主题

在非遗微纪录片的拍摄和录制中，对传承人和相关人员的描写和展现是必不可少的。人物的展现和塑造是非遗微纪录片空间叙事的主要载体，大部分的非遗微纪录片都是通过对传承人与非遗文化的渊源和传承经历的采访，来塑造微纪录片中的现实空间。由于非遗微纪录片的特殊性，创作者在微纪录片的人物塑造上，一定要根据事实，收集真实传承人经历素材，将整体的艺术视角降低，以平民化的拍摄视角，从故事素材的细节刻画入手，来呈现非遗文化传承人的综合形象。

4. 构成微纪录片的视听语

随着现代科技的不断发展，各类的拍摄器材和拍摄手法层出不穷，也为非遗微纪录片的拍摄和制作提供了更广阔的发展空间。例如，在航拍技术和全景拍摄技术的加持下，微纪录片的创作者可以通过拍摄各种宏大、精美的场景，增强微纪录片整体的艺术性和观赏性。这类先进的拍摄手法，不仅可以提升整体影片的震撼性，还能通过对高新技术中细节和技巧的刻画拍摄，增强微纪录片的技术参考性和科普性。另外，微纪录片中的特写刻画，能有效减少画面与人物主体的距离感，使纪录片中人物的情感更好地为观众理解的同时，使非遗文化及其背后的故事更加鲜活。

在现代的非遗微纪录片拍摄中，由于微纪录片的时长较短、体量较小的特点，根据影片的内容和观众的接受程度，采用幽远宁静或轻快跳脱的配乐，让观众沉浸在微纪录片制造的独特氛围中。创作者也可以采用穿插同期声、解说词和翻译字幕的手法，让非遗微纪录片在贴近民生的同时，也向外界传播我国非遗文化，加大观众对影片的理解深度和接受程度。

非遗微纪录片是中国走向世界的一张名片，创作者在进行创作时，要致力于打造国家品牌，从选材、创作、采访、策划等多方面宣传、刻画中国的传统技艺和美德，在非遗微纪录片向全世界宣传中国文化的同时，传递出中国积极向上的社会主义核心价值观，提升我国整体的文化影响力。

五、非遗文化纪录片影像传播的发展新趋势

摄影技术兴起，促进非遗文化记录的方式发生了根本性变化。影像记录更能满足非遗文化动态性保护需求，特别是在客观、完整地记录以"人"作为载体、通过人的肢体语言进行表达的手工艺技能以及表演艺术等方面，具有口头讲述、图画文字无可比拟的优势。非遗文化纪录片影像承载了民族国家的历史记忆，对民族认同和国家形象建设具有深远意义，是公众在不断变化的时局中保持民族和文化身份连续性的一个重要标志。

（一）媒介革命、技术赋能促进跨文化传播

各类社交网站以及短视频网站等新媒体形态不断涌现，正在逐步改变国际非遗文化纪录片影像传播模式。这些新兴媒体打破了地域之间的壁垒，降低了信息传播的成本，极大地扩展了受众群体，为非遗文化的跨文化传播起到了积极促进的作用。

近年来，数字技术不仅改变了非遗文化纪录片的拍摄与传播，也为非遗文化展览提供了新的发展方向。数字技术突破了人们参观和体验非遗文化展览的时空限制。借助非遗文化纪录片影像传播，构建诸如非遗文化虚拟体验空间，用户便可以在虚拟空间中体验非遗文化的历史人文魅力。

非遗文化并非只有"物"的一面，它还包括了人与物、人与人等多个面向。特别是以人为载体的音乐、戏剧、仪式展演等，无法脱离创作主体，尤其需要展现出非遗文化的活态特征。因此近年来世界各地博物馆借助数字化采集、存储、提取等技术，积极建立文化记忆数据库、可视化虚拟图像以及智慧服务平台，实现非遗文化从实物保护展示、现场保护展示转化为数字化保护展览。

（二）技能教育推动文化传承与创新

传承人是非遗文化的重要持有者和传播者，他们掌握的非遗文化相关知识、观念与技能是非遗文化的核心文化元素。非遗文化纪录片影像传播的记录除了作为精神财富被封存保管外，还应该作为培养传承人的重要教学材料。通过影像可以最大程度挖掘和保留非遗文化项目信息，传递文化实践中的核心精要。此外，非遗文化纪录片影像传播的也是公众教育的一种重要资源，为激发青年一代的非遗文化热情，积极投身非遗文化保护起到了关键作用。

（三）影像传播对外传播与国际交流

加强非遗文化的对外交流，向世界传播中华传统文化精髓，提升中国国际传播的效能是当代非遗文化纪录片影像传播的实践者的一项重要使命。近年来，我国民间非遗文化纪录片影像传播发展迅速。在视频网站上，一批非遗文化纪录片影像传播的实践者正在用新的方式拓展海外观众，促进中国非遗文化的对外传播。除了新媒体上民间非遗文化纪录片影像传播的兴起，近年来中国商业电影中的非遗文化元素也吸引了大批海外观众。

总之，非遗文化纪录片影像传播是中华文化与世界文化沟通的桥梁。海外观众通过非遗文化纪录片影像传播加深了对中华文化的了解，加强了各民族之间文化的交流与合作，促进了文化多元化发展。

第二节 非遗文化的短视频时尚传播

一、非遗文化的短视频传播优势

短视频在非遗文化传播和创新发展上有着独特的优势，其较高的影响力和良好的用户基础，为非遗文化传播带来新的保存与保护、展示与传播、开发与传承方式，推动非遗文化重新焕发生机。

（一）打破非遗文化传播的地域性

非遗文化是与地方的生产生活紧密相关的传统文化表现形式，通常以口传身教的方式进行传承，是一种典型的地方文化符号，具有鲜明的地域特征。短视频是通过互联网新媒体平台传播，适用于移动状态下观看的一种新型影像传播形式。近年来，随着移动短视频的爆发式发展，受众对其内容要求也随之提升。作为地域文化的典型代表，非遗文化因其观感新奇、视听唯美、内涵丰厚等特点，在短视频中频频出现，从传统手工技艺到戏曲美术、民俗节日等，非遗文化丰富了短视频的表现内容，成为短视频内容生产的新宠。

"短视频+非遗文化"的传播形式，打破了非遗文化传承的地域性，扩大了非遗文化传播的受众群体。短视频平台可以完整记录、展现以及传播非遗文化的具体内容，借助短视频这一新型媒介形式，将独具特色的地方民俗文化，地方传统知识、技能和表演艺术等非遗文化向更广的用户群体展现出来，还可以让不同地域的用户在网络平台上进行体验，更加完整地观看工艺品的制作流程，从而激发学习和传承非遗文化的积极性。在政策的持续鼓励和短视频平台从娱乐化向知识化生态转型需求的双重刺激下，快手、抖音等平台先后推出非遗文化传播专项计划，通过平台的流量扶持、非遗文化项目打造和转化能力的提升，助力非遗文化的传承。

（二）降低非遗文化传播和宣传的成本

短视频平台作为自媒体时代的产物，因其拍摄门槛低、内容主题细分、传播时间碎片化、参与成本低、集聚性以及互动性等特点，成为当下用户更加偏爱的非遗文化内容参与及传播方式。利用短视频传播非遗文化，能够显著降低非遗文化宣传的实际成本，为地方文化符号的建构与传播提供了新的渠道。

在短视频平台上，大量非遗文化短视频作品的创作者是普通用户，民间文化和生活日常成为其创作的主要内容。非遗文化传承人、手艺人拥有较高的可信度和广泛的影响力，在非遗文化短视频传播领域占据主流地位；各省市官方媒体也是短视频平台非遗文化传播的主力军之一，其优势体现在本身拥有庞大的用户群体。在非遗文化传承人、手艺人，机构以及各大卫视纷纷运营短视频账号的氛围之下，用户通过点赞、转发、评论非遗文化短视频等方式，协同参与非遗文化的传播，形成全民拍摄非遗文化、传播非遗文化的氛围。

抖音和快手平台上的非遗文化作品，有的是专业机构和网红博主生产的，有的则是传承人和普通民众生产的。在快手短视频平台，每3秒钟就诞生1条非遗文化视频，非遗文化短视频的高创作高传播，使得非遗文化获得民众的极高关注，极大地拓展了非遗文化的传播受众。部分非遗文化短视频创作者采用个性化的拍摄手法，通过营造视觉、听觉甚至触觉等多感官体验，让受众不自觉地被引入诗情画意的传播场景中，近距离、沉浸式、交互式感受非遗文化，从而形成风格化传播。民众逐渐对非遗文化产生认可，反映出短视频在非遗文化的认知普及方面发挥的巨大作用，让原本存在于政策文件、专业书刊和行业材料的非遗文化走进民众的日常生活，让非遗文化有价值，值得保护。

（三）推动非遗文化向市场化和品牌化方向转化

新媒体逐渐成为非遗文化传播的重要渠道，促使抖音、快手等短视频头部平台诞生非遗文化专项计划，为非遗文化传播创造了各种商业机会，提供了多种品牌资源，也为我国各个地区的非遗文化传承人提供不同形式的工作机会。在转化、利用和价值、流量的推动下，非遗文化短视频不断朝着变现的方向发展，非遗文化短视频运营模式也逐渐成熟，大量商业化非遗文化IP不断涌现，非遗文化从短视频流量密码进一步走向流量变现。非遗文化本身十分接近人们的生活日常，无论非遗文化民间文学，还是传统音乐、舞蹈，抑或传统技艺，都是中华优秀传统文化的重要组成部分。通过短视频展示非遗文化内容，能够将一些无法实现产品化的民俗文化和具体实物，向商业模式进行转变，从而有效提升非遗文化资源的利用和服务转化。

非遗文化短视频的素材内容有一部分是关于传统民俗表演和节庆的，非遗文化的线上传播也会间接推动当地旅游产业的发展，线上流量吸引游客实地感受非遗文化的独特魅力。短视频平台和非遗文化传承人合作推出沉浸式非遗文化旅游模式，将游览观赏和情景体验相结合，辅以短视频直播，借由线上非遗文化短视频的火爆，更多地建立和发展线下的非遗文化旅游产业。非遗文化短视频的素材内容更多是关于手工艺品制作的，年轻一代的非遗文化传承人创造性地将传统技艺与现代时尚元素结合，完美诠释了非遗文化所蕴含的文化意蕴。有效地借助短视频将非遗文化项目进行商业化推广，打造线上"引流量+售卖"与线下大力发展非遗文化手工工艺产业结合的良性发展模式，线上与线下非遗文化品牌的树立，能够让非遗文化在市场经济条件下逐步实现产业化，让非遗文化得到继承和发展。

二、非遗文化的新媒体时尚化传播语境

新媒体的诞生，拓展了非遗文化的传播渠道，为非遗文化的传承提供了更多的可能，非遗文化结合新媒体的传播形式是当下的大势所趋。近年来非遗文化结合新媒体方面的研

究理论和各类行业标准也在逐步投入到实践的过程当中,在当下,非遗文化必须依靠新媒体强大的传播力量来实现自身的成长和繁荣。

在新媒体语境下,各类时尚媒体应运而生,以全新潮流的姿态介入到时尚传播的各个环节中,成为影响时尚传播的先锋力量。近两年来以短视频为代表的新兴媒体快速发展,丰富了时尚传媒的样态,拓展了时尚传播的模式,也为非遗文化提供了时尚化传播语境。

(一) 现代传媒语境

语境即言语环境,传媒指信息传播媒介,网络与信息技术的发展,推动了现代传媒语境的到来,现代传媒正以势不可挡的趋势渗透在人类社会生存的方方面面。现代传媒具有强大的传播效应,在现代传媒语境下,非遗文化的传播就不能仅仅依靠传承人的口传心授以及简单的文字记录,传播形式至关重要。在当下,传播方式可以影响乃至决定非遗文化的发展趋向以及传播效果,要发展非遗文化,就必须顺应现代传媒语境,通过各种新媒体渠道,实现文化与传媒的融合发展,在这种形势下,越来越多宣传非遗文化的公众号、微博账号、短视频应运而生。

(二) 视觉文化语境

在新媒体背景下,视觉文化已逐渐成为主流文化,广泛深刻地改变着文化的形态。在视觉媒介语境下发展起来的短视频,依靠现代媒介技术以及用户社交化行为的共同推动,如今已经形成了完整的生产和传播链条。短视频作为一种视觉文化符号,以视频画面为主,同时融合了文字、声音、图片、特效等媒介形式,给受众感官带来了极大的冲击。短视频的传播是一种拟象化的传播,其本质是超现实的虚拟图像,在短视频世界里,人们分享记录生活点滴,其传播领域涉及文化、美食、知识等社会生活的方方面面。虽是虚拟的实在,但比"实在更加实在",其也达到了较好的传播效果。非遗文化技艺大多是动态的过程,短视频则满足了其"活态传播",通过短视频强大的感官冲击,让更多的受众认识了古老的非遗文化。

三、非遗文化的短视频时尚化传播意义

短视频平台上的文化传播,开辟了一条非遗文化时尚化传播的道路,在短视频平台的大力扶持下,非遗文化线上景观社会初具规模,时尚化传播矩阵已经形成,具有明显的传播效应。

（一）重塑非遗文化形象，凝聚文化价值

在短视频平台上，受众可以跟传承人直接对话，沉浸式体验非遗文化表演、制作过程，建立受众与非遗文化最直接的接触方式，塑造了真实可感的非遗文化形象。在短视频平台上，非遗类作品不再是"传统""古老"的代名词，而是我们生活中真实有用的存在。短视频平台上的非遗文化形象，是时尚潮流的形象，在短视频平台上，动态音效、动态画面、动态内容使得非遗文化"动"了起来；新媒体技术的运用，特效动画的尝试使受众直观感受非遗文化；挑战赛、直播等多样的形式为文化传播开辟了更多的可能。

非遗文化在短视频平台的传播是传统与潮流的跨界演绎，是文化的时尚化传播；短视频平台上的非遗文化形象，是商业景观的形象，抖音平台在"非遗文化合伙人"计划中，提到要帮助非遗文化在商业社会中真实的传播，从长远来看，只有形成成熟的文化产业链，才能推动非遗文化常态化传播，使得非遗文化融入现代生活。短视频平台上的非遗文化传播，具有明显的商业化传播特征，传承人可通过设置商品橱窗、主页微信号推送、直播等方式售卖非遗文化产品，完成商业变现。文化价值通常表现为一种关系，当主体为满足自身文化需要而寻找客体，并以一定的方式占有客体时，就会表现出文化价值之间的关系。由此来看，非遗文化在短视频平台上传播的文化价值不言而喻，时尚化、多样化的传播形象潜移默化地吸引着受众，满足受众主体的文化需求，使得受众以点赞、转发、发布的形式参与到传播过程中，与此同时文化价值关系自然而然地发生。受众娱乐心理与求知心理的同时满足，促使受众在参与传播过程中，易于产生文化自觉，唤醒了受众对非遗文化的认同心理。在短视频虚拟景观社会中，受众的文化自觉使得非遗文化的文化价值逐渐凝聚，我们可以看到一个以时尚化为形式、以商业化为基础的"非遗文化虚拟形象"集体意志，形成了一个紧紧凝聚的文化价值共同体。

（二）振兴文化市场，繁荣文化产业

非遗文化的产业化，是指将非遗文化放置于商业市场中，增加与其相关的文化产品的附加价值，通过合理地开发促进非遗文化传承。非遗文化在短视频平台上形成了文化产业链，且取得了一定的效果。短视频平台的商业模式既遵循一般商业模式，也拥有其独到的发展特点，包括价值创造、经营观念、内容创作、目标群体、技术研发、渠道管理六个要素，六个要素互相联结，形成了短视频商业系统，非遗文化在短视频平台上的传播同样离不开商业系统的六要素。

（三）传播非遗文化，促进国际交流

非遗文化是全人类共同的文化财富，是具有中国特色的民族文化，对非遗文化的宣传和推广不应该局限于国内，应以国际舞台为宣传平台，以各种各样的形式，将具有我国特色的非遗文化传播出去，实现文化对外输出，进行国际化传播。国际传播是以大众传媒为基础的传播，当下，互联网和新媒体技术增加了国外受众了解中国文化的途径，新媒体时代的国际传播应该因势利导，转变以往的对外传播方式。短视频平台作为近年来的新兴媒介，在推动非遗文化国际传播层面发挥了积极的作用，为非遗文化的国际传播创造了虚拟的文化空间，中国非遗文化在短视频平台的国际传播呈现以下三方面特点。

第一，非官方"媒介外交"，开辟文化传播新格局。媒体外交是利用媒体平台阐明外交政策并推动外交的一种方式。我国媒介外交不能仅仅依靠政府官方媒介平台，多媒体平台特别是"非官方媒介"也需要联结配合，共同讲好中国故事，传播中国传统文化。非遗文化作为国家"软实力"的象征，民间传播或者非官方传播在一定程度上可以避免很多问题，获得更为宽泛的话语空间，潜移默化吸引外国受众，非官方传播也是当代国际社会认同的一种传播价值理念。短视频平台上的非遗文化传播，大多是传承人及文化爱好者，或者自媒体达人的"非官方"传播，这种传播方式在吸引外国受众方面取得了较好的成效。

第二，短视频国际媒体矩阵，构建文化输出新秩序。短视频是一种突破了文字界限、语言障碍、在各国均拥有较强接受度的媒介平台。中国主流媒体的海外入驻，抖音快手平台的国际推广，为非遗文化的对外传播构建了新型短视频媒体矩阵，中国短视频平台海外市场的拓展和海外用户的快速增长，为对外传播的发展提供了先决条件。目前，短视频媒体正处于发展"红利"期，国际短视频媒体矩阵的形成，突破了国门界限，构建文化对外传播新格局。

（四）展示国家形象，提升文化自信

非遗文化作为国家文化软实力的标志之一，需要建设更广更全更为"时尚"的国际传播渠道，作为公共领域的短视频平台正是其一。在以非遗文化为代表的中国文化对外输出的过程中，利用视觉传达的优势，短视频形态克服了汉字传播的困难，易于被外国观众接受，这种文化外交在一定程度上打破了意识形态的藩篱，展示国家形象，提升了文化软实力。

四、非遗文化的短视频时尚化传播要素

非遗文化在短视频平台传播的时尚化体现在传播过程的各个要素，正是丰富、趣味、

多元的传播要素，构成了这一传统与现代结合的传播方式。下面以时尚化为主线，从传播主体、传播内容、传播渠道、传播受众四方面阐述其时尚化传播要素。

（一）传播主体的时尚化

在大众传播领域，传播者的作用是对信息进行整合、选择、优化和输出，其在很大程度上控制着信息资源，影响后续传播走向。非遗文化作为民族文化中的精华，必须适应现代生活情景，融入现实生活中，也就是说，要扩大非遗文化的传播主体。在短视频平台上，"人人皆有麦克风"的现象已成为主流样态，这种常态运用到非遗文化传播中，便在一定程度上扩大了非遗文化的传播主体，使传播主体呈现多元化、去中心化的趋势。

1. 传播主体的去中心化

短视频平台传播门槛低，操作简单，是适合普罗大众传播的平台。去中心化是随着网络发展而形成的一种信息内容样态，是相对于中心化而言的，互联网的发展，使得内容生产者不再是特定的群体或职业群体，而是受众皆可参与。

2. "把关人"主体的多元化

（1）第一层把关人为个人把关人，当非遗文化在短视频平台上传播时，信息采集者可以是非遗文化传承人、也可以是普通受众、相关机构，他们把关能力的强弱取决于个人媒介素养的高低，非遗文化短视频不同于普通的娱乐短视频，在面对非遗文化时，短视频大部分用户还是有较强把关能力的，内心的文化自觉驱使用户主动在短视频平台上进行传播，但也存在部分哗众取宠、歪曲或者过度娱乐非遗文化的传播行为。

（2）第二层把关人为平台把关人，在传统传播行为中，记者、编辑在"把关"中起着重要的作用，他们也被称为"专业把关人"，但在短视频平台上，这些角色不复存在，取而代之的是平台运营人员与审核人员共存，人工与人工智能相结合的把关模式。抖音拥有众多的审核人员，设置审核标准，并拥有人工智能过滤技术，对非遗文化短视频内容进行过滤筛选，把握优质内容的流向，力求实现非遗文化的高质量传播。

（3）把关人为部门把关人，非遗文化的特殊性要求短视频平台的用户掌握娱乐"分寸"，不可过度娱乐化，近两年，政府已经颁布了互联网信息管理条例，建立了相关机构，整体把握短视频平台内容风向，担任最终把关人的角色，为非遗文化等正能量文化的健康传播奠定了基础。传播主体的去中心化与把关人主体的多元化相配合，使得非遗文化短视频的传播从源头开始即呈现时尚与传统共存、娱乐与严肃并重的趋势，这是其时尚化传播的第一环节，也为之后的环节做了铺垫。

（二）传播内容的时尚化

1. 传播内容分类

传播内容是经由媒介传播的各种产品，抽象来说，是经过符号再现的信息，是传播模式中的重要一环。新媒体时代，内容为王仍是发展基石，内容本源是产生正向传播影响的价值基础。时尚化的非遗文化内容也是非遗文化在短视频平台传播的基础，是获取关注度及达到传播目的的关键，短视频平台非遗文化门类丰富，涵盖面广，可以说几乎所有的非遗文化项目都能在短视频平台找到合适的传播方式。传播内容分类包括：①"唱"，即戏曲与民乐；②"念"，即传统诗词书画趣味演绎；③"作"，非遗文化手工艺个性化呈现；④"打"，即传递武术精神。

2. 传播内容特征

（1）碎片化思维，统领叙事。叙事是指如何讲故事，碎片化的思维影响着短视频的组织结构，在当下，受众的观看方式发生了巨大的变化，呈现出碎片化的特点，短视频的叙事策略满足了受众碎片化的观看方式。短视频打破了以往非遗文化纪录片影像整齐系统的叙事方式，巧妙采取蒙太奇拼接，注重细节的表达，看似不经意实则展示了作品主题。①在叙事的过程中，打破传统故事结构的整体系统，用主人公漫谈来展开故事。在镜头选择上，突破了原本惯用的摆拍画面，而是以细节、特写突出传承人的手艺；②在剪辑拼接上，配合音乐节奏，剪辑风格简约轻快，合理利用蒙太奇手法，碎片化拼接组合。

（2）以人为本，注重人文表达。短视频叙事采用全知视角与内视角相结合的方式，内视角的叙事方式可以拉近与受众的距离。相比于传统媒体记录片，非遗文化短视频在制作时更注重以人为本的理念，在拍摄时，拍摄对象担任故事讲述人、节奏带动者的角色，在后期制作时，创作者会有意识突出人与物、手艺与传承之间的关系，将人文表达最大化，以人为本始终贯穿在非遗文化短视频的制作中。

第一，叙事人称包括第一人称、第二人称以及第三人称，传统非遗文化纪录片大多采用第三人称，以"画面+配音"的方式完成叙事，第一人称为辅助，常常以采访对象的形式穿插于视频中，这种叙事方式使得作品结构完整、系统全面，但容易给观众"高高在上"的感觉，仿佛在听"别人家"故事一般，难以感同身受。而非遗文化短视频则以第一人称为主，传承人自行出镜配音，讲述"自家"故事，传递非遗文化背后的文化内涵和匠人精神，这样一来，就缩短了跟群众之间的距离，优化了受众的文化体验，打破了受众非遗文化即古老文化的观念，促进非遗文化融于受众、融于生活。

第二，情节的设置，迎合现代人的阅读趣味。非遗文化短视频中的故事情节，以搞笑、感人、创意等元素引人入胜，相较于传统非遗文化纪录片影像，有故事情节的短视频可以在短时间内迅速吸引观众眼球，使观众融入视频内容中。

第三，人本思想的贯穿，强化了观众的代入感，唤醒了人们的文化记忆。这种以人为本的思想，始终贯穿在非遗文化短视频的制作过程中。

（3）视听结合，增强表达效果。短视频的流行，除了其满足人们碎片化的阅读方式之外，视听结合也是一大特点。非遗文化本来就是一种动态的艺术，相较于图文来说，视听显然更能展示非遗文化的特点。而相较于短视频平台上的其他内容，非遗文化短视频拥有较多的专业制作团队，侧重艺术表达，整体制作更加精细化，尤其是在视听方面，主要体现在视听语言的多样性和后期编辑对节奏的影响上。

第一，画面。短视频平台上运营较好的非遗文化账号，都形成了独具特色的画面风格。相较于中规中矩的非遗文化纪录片，短视频更注重个人的风格特色，或是轻松幽默，或是恢弘大气，或是复古精妙，独具特色的个人风格，为受众制造了记忆点，使受众印象更为深刻。②画面中融入了趣味元素，趣味元素更符合年轻受众的审美，一些趣味字幕的应用、表情包的使用、京剧变脸特效等的运用，中和了非遗文化的严肃，为非遗文化披上了时尚的外衣，使得其朝着年轻时尚的方向发展。

第二，声音。声音在视频制作中占据着重要位置，①非遗文化短视频还原了声音真实感，依靠音效和配乐营造出动态真实的感觉。此外，短视频平台上还有很多非遗文化短视频，将主人公制作时的现场声音融入视频中，戏曲类更是注重表演时的声音表达，在此我们不再一一列举。②平台上的非遗文化短视频会淡化解说词，取而代之的是自述或者对白，对于非遗文化纪录片影像来说，解说配音举足轻重，而短视频则以传承人自述和情节对话代替配音解说，拉近与受众的距离。③热门音乐增强时尚感。短视频平台上视听结合的特点，适应于非遗文化的传播，以视听为依托，为受众带来了感官上的冲击。受众借助视听语言的力量，可以在声音的变动和视频画面的变换中，感受到非遗文化的时尚之美。

（4）以小见大，传播民族文化。近年来，非遗文化纪录片的传播模式已从原本的宏观叙事转向了微观叙事，将镜头投射在普通人平凡的生活和事物中。微观叙事也是非遗文化短视频的叙事特征之一，非遗文化短视频立足乡土，充分发掘本土文化，从非遗文化的传承人或故事出发，通过对个体及其独特时代精神的呈现，表达社会发展所隐藏的文化内涵和工匠精神。从拍摄手法上看，短视频平台上的非遗文化视频，会采取大量的特写拍摄，突出表现手艺人或表演者的技艺精湛。

(三) 传播渠道的时尚化

传播渠道是传播内容的载体，是连接主体与受众的桥梁。现今的互联网不仅是一种网络技术，更是多方面联结互通的网络平台，新媒体是在互联网基础上媒介融合与博弈的产物。非遗文化在新媒体平台的传播关系到非遗文化的推广深度，因此，要想实现"时尚化"传播，就必须在新媒体平台上建立立体化的非遗文化传播渠道，融合多方力量，实行"非遗+"模式，打造非遗文化网络空间命运共同体，在顺应时代和文化传承方面做好平衡。

作为新媒体平台之一，在短视频平台上，非遗文化的传播渠道是立体的、丰富的、多样的，从"连接"升级为"大连接"，呈现出多种渠道互相交织的"传播网"，"传播网"以非遗文化内容为中心，横向（内容拓展渠道）为"非遗+"模式，纵向（自有平台建设）为平台自身传播渠道的垂直分类，形成线上、线下多资源整合的非遗文化传播文化生态。

（1）横向渠道（内容拓展渠道）。横向是指空间方面的跨领域传播，非遗文化在短视频平台上拓展了以下几种跨领域传播渠道，形成了"非遗+"模式。

第一，非遗→商品→商业变现。"非遗+商品"是非遗文化在现代社会传播的必要渠道之一，利用互联网平台的优势，越来越多的非遗文化项目衍生文创产品，通过巧妙设计，使非遗文化产品由"文物"转变为生活用品，朝着产业化、品牌化的模式发展，巧妙地融入现代社会，尤其是生活消费环节中，使之渐成风尚，将传统文化深植于消费者心中。在短视频平台上，商业价值转化依然是终极目标。对于很多处于商业困境中的传承人来说，只有拥有完整、成熟的产业链，完成商业变现，才能保证非遗文化技艺在现代社会中真实的存活下来。

第二，非遗→教育→育人传承。非遗文化在当代社会不仅是传统文化的代表，也可以作为宝贵的教育教学资源。"非遗+教育"本质上是将文化传统深植于当代青年心中，通过教育重塑文化认同，增强文化自觉，在思想上树立对传统文化深深的自豪感，这也是提高非遗文化影响力和感召力，促进非遗文化当代传播的途径之一。短视频平台上的非遗文化教育也是一道"靓丽的风景"，快手平台在助力非遗文化初期的模式为"教育+加速器+社区模块"，部分传承人以非遗文化教学视频、非遗文化公开课的形式进行文化教育传播。

第三，非遗→官方→权威认证。官方合作是短视频平台上非遗文化传播的重要输出渠道之一。短视频平台与各个权威传播渠道互为依托，表现为官方账号的入驻以及与官方平台的合作。短视频平台与官方的合作，足以借助官方权威发挥意见领袖作用，增加了非遗文化传播的权威性和社会影响力。

第四，非遗→权威性和社会影响力。视频平台与各个权威传播渠道互为依托，表现为非遗文化作为一种文化符号，赋予文化输出意义和内涵，而短视频平台则为文化交往提供了一个虚拟的交流空间。在短视频国内流量市场呈上升趋势之时，抖音和快手早已开始开拓国际市场，在全球化大背景下，"走出去"是各个互联网公司必须打造的渠道之一。抖音和快手在拓展国际渠道方面均取得了不俗的成绩。巨大的下载量自然拥有庞大的海外用户群，而这些用户都是短视频平台上文化输出的潜在用户，京剧、书法、中国功夫、非遗文化美食等在短视频平台以动态的形式展示得淋漓尽致，自然而然会吸引部分外国用户的兴趣，进而全面了解所喜爱的文化，抖音海外版为外国人了解中国打开了新窗口。总之，海外渠道已经是短视频发展的渠道之一，同时也为非遗文化国际传播开拓了全新的文化输出语境。

（2）纵向渠道（自有平台建设）。纵向传播渠道是指非遗文化在短视频平台的传播渠道垂直分类，也就是平台自身的功能设置，短视频平台多样且参与性强的功能设置，为文化传播开辟了许多新的方式，除了传承人开设个人账号之外，线上活动、挑战赛、直播也是非遗文化传播新鲜且重要的渠道。

第一，线上活动。线上活动是在网络上发起的，以网络为载体的活动，具有形式灵活、类别多元、节约资金、吸引受众主动参与等优势。在当下，非遗文化传播早已不能单纯依靠线下活动，各类平台的线上活动或线上线下相结合的活动应运而生。线上活动是短视频营销的方式之一，为支持非遗文化传承，短视频平台推出了非遗文化相关的线上活动，依靠平台强大的流量支持，为非遗文化传播赋能。"非遗带头人"计划启动以来，快手平台率先选取首批非遗文化带头人，选取范围包括湖南湘西、四川凉山、贵州雷山等地，提供源源不断的品牌资源、管理培训和产品运营，不断提高非遗文化的市场接受度；抖音平台推出的"非遗合伙人"计划，更是以打造开放的非遗文化共享平台为目的，为非遗文化传承人提供流量支持，将非遗文化推向市场，促进文化变现，全方位打造非遗文化的线上产业链。

第二，挑战赛。短视频平台上的挑战赛往往能吸引较多的受众参与，挑战赛本质上是"游戏传播"的一种方式，是兴趣挑战与自愿游戏的两相共鸣。在如今"信息爆炸"的时代，挑战赛以游戏化的方式开展趣味挑战，激起受众游戏挑战的兴趣，在抖音、快手等短视频平台上，以挑战赛为形式的传播均取得了不俗的成绩。

强大的游戏式体验和趣味化参与，打破了非遗文化传统的传播方式，为其时尚化传播创造了条件，贴纸和特效的使用、多维度的媒介互动符号，使得短视频挑战赛在传播非遗文化方面取得了良好的成果，这一实践也说明了时尚化的非遗文化传播方式是能够被大众接受和认可的。

（四）传播受众的审美时尚化

受众是指信息的接收者，从长远来看，只有将受众转化为传播者，才能进一步实现非遗文化时尚化传播。在短视频平台上，受众的角色凸显，他们不仅是接受者，更容易转化为内容发布者和信息传递者。短视频平台的受众多为中青年受众，其对信息的接受性较强，对信息内容的丰富、奇特具有更为广泛的包容度，故能接受非遗文化在短视频平台趣味时尚的传播风格且能参与其中，短视频平台的非遗文化传播也能满足受众日益提高的审美力。

1. 从使用与满足理论分析受众的心理满足

在当下非遗文化传播的关键在于能否调动受众的积极性，呼唤文化自觉，使受众从以往的被动接收转变为主动选择，并成为非遗文化内容的发布者，最终使得非遗文化融入受众生活和当下社会。因此，在非遗文化传播过程中必须满足受众的心理需求，我们可以看到，在短视频平台上，非遗文化凭借着多样的形式、时尚的载体受到了受众的喜爱，而且受众的点赞、转发、分享、评论等行为，使得受众从接收者转变为参与者、发布者，受众能动性被调动起来，传播效果自然不言而喻。

受众之所以能获得"满足感"，主要有以下原因。

（1）短视频平台的非遗文化传播满足了用户的选择性心理。从传播学角度分析，受众在接受信息时具有不同的选择特征，表现在受众会收到选择性记忆、选择性关注和对信息的选择性说明，短视频平台上，受众还会选择性传播。结合大多受众的这一心理，文化传播也需精准定位，利用文化特点将非遗文化平台以喜闻乐见的方式传递给文化爱好者。短视频平台的精准推送功能，可以推测用户喜好，易于用户找到感兴趣的内容，这使得非遗文化爱好者能够始终处于平台"非遗圈"中，增加用户黏性。

（2）短视频平台上的非遗文化传播满足了用户的共情心理。共情心理是受众在收到信息时，被其中所包含的情感所感动，由此产生一种强烈的情感共鸣。非遗文化在当下的传播必须以时间为经度，以现实为纬度，从历史中抽离出来，做符合现代人的价值观、生活观念及情感表达的传播，这种契合现代人表达方式的传播才易于唤起人们的共情。短视频平台上，具有情节冲突的非遗文化视频、传承人自身的讲述、符合现代审美的实用性非遗文化产品，极易打破受众的心理防线，唤醒人深层次的情感共鸣，搭建非遗文化与受众的对话渠道。

（3）短视频平台的非遗文化传播，同时满足了用户的认知和娱乐心理。认知是人们不断获取并将获取的知识加以应用的过程，受众对非遗文化的认知过程，就是对非遗文化进行再现和重构，转化为内在记忆的过程。娱乐心理是受众在网络空间的一种典型心理，娱乐始终是用户接触短视频平台的主要原因，满足受众娱乐需求的认知过程，可以调动受众的主动感知记忆。以往的传播使非遗文化给受众留下了古老、严肃的刻板印象，在短视频平台上，时尚与传统相结合，年轻与古老互融的非遗文化传播理念打破了原本的刻板印象，使得娱乐与文化并存，以娱乐的方式满足了受众的文化认知需求。受众更偏爱感兴趣的内容，短视频平台以娱乐吸引受众眼球，潜移默化达到了对文化的传播，也打破了受众对非遗文化的刻板印象。

（4）短视频平台的非遗文化传播，满足受众的表现和猎奇心理。表现心理使受众通过表达自己而拥有更多的集体发言权，猎奇心理源于受众的好奇心。在短视频平台上，为引发受众的主动参与欲望，非遗文化的传播会进行独有特色的议程设置，例如挑战赛、直播等形式，一些新奇的技术和特效，拉近了非遗文化与受众的距离，使受众深入感受传统与时尚的融合。非遗文化的独特表达方式、高于现实生活的文化体验，有助于用户的自我表达和身份构建，引发用户的发布行为，满足其在平台圈层的表现心理，短视频平台线上线下的沟通、多媒体平台的互联，极易产生转发和二次传播，优化传播效果。

2. 从创新与扩散理论分析受众的使用行为

短视频是顺应时代需求而产生的新事物，是当下最受欢迎的应用之一，其创新内容和传播扩散网络让非遗文化的传播更具效力。

（1）创新属性。创新发展一直是非遗文化传播中的热点话题，新媒体平台为非遗文化提供了创新渠道，促进文化的时尚化传播，短视频正是渠道之一。非遗文化在短视频平台的传播符合创新规律，是一种打破以往传播模式，独具特色的传播，在前面的内容中，我们已经详细论述了其在短视频平台的传播主体、传播内容、传播渠道的特点，可以得出结论：非遗文化在短视频平台的传播是符合罗杰斯创新规律的传播，是具有创新属性的传播。

（2）受众行为。受众历经五个阶段接收创新决策的行为：认知阶段、说服阶段、决策阶段、实施阶段、确认阶段。也就是说，非遗文化在短视频平台上传播时，注重自身内容和方式在各个阶段受众接收的效果。

在短视频平台上，非遗文化具有良好的创新扩散途径，但短视频的娱乐属性使得文化较其他类别相比，创新扩散速度依旧较慢。随着平台的扶持和非遗文化短视频自身优越性的渐显，用户满足感和接受度随之上升，用户行为随之清晰，未来，非遗文化短视频会以更加时尚化的方式继续在用户中扩散。

五、非遗文化的短视频时尚化传播完善对策

(一) 布局高质量的文化内容生态

在短视频平台上建立非遗文化生态体系,是互联网发展融入生活的缩影,是新时代文化自信的要求,也是短视频平台社会价值的体现和长足发展的保障。随着非遗文化在短视频平台的不断发展,布局高质量的文化内容生态,建立全面的非遗文化短视频传播体系已成为当下亟待完成的课题。

第一,整合传播主体。短视频传播主体多样,其中专业与业余并存,官方与草根皆可,商业目的与传承目的同在。在这种情况下,整合传播资源,实现各个主体之间的优势互通互补就显得非常重要,在传播时,政府部门应发挥主导作用,整合引导传播,对传播主体进行统一的规划管理,构建新媒体传播矩阵,建立起由政府主导、媒体辅助、平台拥护、传承人支持、社会群众共加入的传播体系。

第二,创新传播内容。利用短视频平台深入挖掘非遗文化的精神核心,抓住非遗文化最具吸引力的元素,引起受众的情感共鸣。此外也可以以某一文化为主题,进行多角度、多方面的拍摄,制作系列短视频,进行深度传播,探索多元叙事方式,避免内容和结构的同质化。

第三,算法优先推荐。在短视频平台原有算法推算的基础上,增加优秀非遗文化、主流价值观视频的优先推荐,将此类视频放置在显眼位置。各短视频平台可举办推进非遗文化相关项目,或给予非遗文化优秀短视频创作者奖励,以此刺激非遗文化短视频的创作,加强对其内容的把关和引导。

(二) 建立全方位监管体系

非遗文化在短视频平台上最大的发展掣肘就是内容的低俗与侵权,部分优质文化内容没有通过短视频平台完成持续有力的输出,反而成为个别人吸睛的工具。一系列问题的出现,表明短视频平台迫切呼唤强有力的监管系统。

第一,完善短视频行业法律法规。应当在法律规范下加强平台的监督与管理,真正实现行业的健康发展。

第二,加强监督审核力度。发展融合人工审核与机器审核的审核机制,通过抓关键字进行监管,对于已经上传的视频也需要关注其评论区,一旦发现低俗、暴力内容便尽快采取措施。另外需要开启举报投诉机制,丰富投诉渠道,加快投诉反馈效率,在短时间内取

得查证结果,并给予举报人适当奖励。

第三,对头部内容生产者提出更高要求。头部内容生产者往往拥有更多的粉丝量、更广泛的受众关注、更强的传播力度,是非遗文化在短视频平台持续稳定输出的关键,因此更应提高个人及团队的媒介素养,主动担起传播民族文化的重任,平台也应该加强对其内容的审核和监管。

第三节 非遗文化的网络直播平台传播

一、网络直播平台的特性

直播就是将事件的实时发展进程以文字、图片、视频、音频等形式同步制作,在事件发生现场借助网络信号传输设备将信息发布给受众的一种信息传播方式。网络直播具有即时在线、互动性、移动性、碎片化、个性化的特点,借助虚拟的线上平台,带给人们真实的感官刺激,使人们处在现实环境之中,却能收到跨时空的虚拟信息,这种以情感互动为基础的情境空间和打赏机制构成的资本空间互相协调,成就了一个全新的虚拟景观社会。

平台实质上是一种交易空间或场所,可以存在于现实世界或者虚拟网络空间,双方或多方客户之间的交易由这个空间来引导或促成,并且以收取适宜的费用来吸引交易各方使用这个空间或场所,最终追求收益最大化。平台利用是指直播平台的利用,具体含义是指非遗文化主体(非遗文化传承人、非遗文化传承人)通过直播平台进行直播,以期获得经济收益,从而实现非遗文化良性发展的一种市场尝试行为。

网络直播平台是指通过网络直播手段进行内容生产和消费的网站或者手机软件。

二、非遗文化网络直播的逻辑与作用

(一)非遗文化网络直播的逻辑形成

1. 宏观动因

(1)经济生态与文演变的共同推动。直播的侵略式发展使得我们正迈进了一个次生口语化时代。在这一时代的症候中,人们的思维变得感性大过理性,偏向对话与表达——非独白和陈述。人人都能发声,人人都是自媒体,技术的平权让非遗文化传播之路上孕育出更多的"网红"及寓教于乐的艺术商品,并反过来助力乡村振兴。

（2）技术推动与直播加持下的共同助力，直播相比于传统媒体具有更强的亲密性和用户黏性，更能激发用户与主播之间的情感共鸣。在平台流量池日益扩大的背景下，非遗文化传承人通过独具特色的表达方式，搭载上了当下流量争先的快车，变成了具有全民影响力的热点。

2. 微观动因

（1）直播时代中的首因效应与准社会交往。"首因效应"，概括出人类在社会认知中第一印象产生的重要影响。而今在视听传播占据鳌头的时代，首因效应更是在网红经济中发挥着莫大的作用。非遗文化传承人在演出直播过程中与观众的互动更为亲切，接地气的话语、惟妙惟肖的表演揭开了非遗文化传承人的神秘面纱，拓宽共同的话语空间，迅速拉近与观众的距离。在非遗文化网络直播时，受众就通过消费和打榜获得其关注，并在弹幕中与其互动，产生了一种虚拟的人际交往关系。而这种交往满足感也促进了受众进一步的消费和购买行为。

（2）消费文化下的群体动力与群体感染。直播是"非遗文化传承者"的一大利器，而直播之所以能产生并且带来巨大的消费力，从微观来看，直播的即时互动相比以往形式更加直接高效，带来的临场感也越强。但在直播环境中社会临场感只是背景，并非感到身临其境就会狂热参与到文化消费中。用户感受更直接具体的是直播间氛围与亢奋感，实时互动、不断炒热的氛围带来的持续参与感让用户"上瘾"。热烈的氛围引导从众消费，而亢奋感则带来情绪的唤醒。在这样的消费氛围下，用户群体间的动力场域与情绪感染相互增进，迸发出强大的购买热情与消费动力。

（二）非遗文化网络直播的作用机理

直播作为非遗文化传承人的"第二舞台"，不仅是对传统线下舞台的补充，也是对媒介传承体系的补充，更是对消费文化的延展。这种集点赞、评论、转发等功能为一体的"电子舞台"，不仅有助于实现非遗文化的数字化保护，展现了传统文化与新媒介的融合形态，更实现了戏剧戏曲、民族音乐等现代性的创新发展，在增加非遗文化传承人收入的同时，也在助力乡村振兴，扩大受众的传播范围。

第一，设置议题，引发广泛关注。政府的介入是非遗文化走红的助推剂，政府在微博平台上发布新闻议程，经过微博网友的不断转发、评论，正式进入微博议程，并引发微博平台上的广泛讨论。非遗文化传承者打破了单向传播模式，一方面通过抖音等自媒体进行短视频内容创作，开展直播活动，主动改变传统媒体的报道框架，拉近传受双方距离，增强用户黏性。另一方面，借助电视、报纸等主流传统媒体和微博等社交媒体，塑造非遗文化传承人的正能量形象，激发受众认同，构建丰富多样的议题内容及多层次的传播网络。

第二，传递文化，赋予社会地位。非遗文化网络直播以贴合生活、展现乡村文化为主题，搭载社交媒体进行推送，让更多的人熟知当地特色。让更多的人知晓并了解到非遗文化，有效推广当地的民族传统文化。从而带动乡村旅游、产品销售、丰富文化生活等。为了推动非遗文化的直播宣传，商业平台与主流媒体的跨平台传播方式，弥补平台存在的单调性和局限性，极大地拓展了非遗文化传播的覆盖面。

第三，提供娱乐，推动经济发展。直播非遗文化的另一个作用便是对经济的推动与助力。"非遗文化网络直播"活动不仅给人们提供了多元化的娱乐活动，也促进了人们的经济生产与消费。直播场数的增加、打赏金额的提高不仅满足了城市年轻人的文化需求，也加强了文化认同，同时推动了非遗文化产品的销售，助力乡村经济的发展。

三、非遗文化利用直播平台的意义

直播是一种让非遗文化能够"活下来"的积极尝试，最新的技术和古老的文化相结合，具有很大的现实意义。非遗文化利用直播平台有助于打破非遗文化的传播空间限制；有助于创新非遗文化表达方式；有助于提高非遗文化的市场竞争力。

（一）打破传播空间限制

非遗文化作为活态文化遗产，其地域性和民族性导致以往的传播途径比较狭窄，人们只能在非遗文化项目所在地区感受和了解非遗文化，深受地区的限制，时间、空间都会限制非遗文化的传播效率。直播的出现，为非遗文化解决了这一难题。

当以直播为代表的新业态出现以后，借助直播平台，非遗文化能够打破其原本受限的传播空间，打破时间和空间的限制，使非遗文化的传播更为迅捷和全面，提高信息传播效率。直播的超强交互性能最大程度地加大非遗文化的宣传广度，无论何时何地，人们都可以在直播平台中观看非遗文化网络直播，近距离感受和了解非遗文化，非遗文化也能通过直播的形式得到推广。直播平台吸纳各方参与，使得非遗文化的受众面不断扩大，观众对非遗文化网络直播愈发感兴趣，与非遗文化主播良性互动。在这种交互过程中，非遗文化的传播空间正在以潜移默化的方式进行拓展。

（二）创新非遗文化表达方式

作为中华民族传统文化的重要组成部分，非遗文化有着重要的历史价值和文化传承价值，非遗文化的传承、保护和利用对我国经济发展有重大价值。新兴行业为传统行业带来了巨大动能,直播作为一种新兴行业在相当大的程度上助力于非遗文化表达方式的创新。非遗文化借助直播,以观众喜闻乐见的传播和表达方式,走近、吸引、感染观众,成为非遗文化传承发展的创新路径。非遗文化传承人和专业的非遗文化主播跨入到直播中,为非遗文化网络直播的内容和品质提供保障,观众的买单和叫好,使传统文化焕发出新的生命力。每个非遗文化项目都有其特点和表现形式,通过互联网和大众传媒的宣传,加深公众对该项遗产的了解和认识,促进社会共享。

直播平台与非遗文化的加速融合,与两个行业创新发展的需求相契合。直播赋予了非遗文化现代表达方式与新的时代内涵,为文化瑰宝的合理开发与利用开辟了新渠道。非遗文化网络直播的互动性让直播平台具有了文化融合的优势,这种新旧动能相互融合的发展模式一定会带来社会效益和经济效益的双丰收。非遗文化作为中华文明的"活态"传承,唯有紧跟时代步伐,以全新的方式融入现代生活,才能真正"活"起来并且迸发出新活力,让文化发展成果可以为更多人所共享。5G时代来临,虚拟现实技术、高清现实技术的应用逐渐普及,非遗文化网络直播会有更加广阔的发展天地,最终打造出一个和谐文明的优质非遗文化网络直播生态圈,非遗文化的传播与传承将以更加新颖。

(三)提高市场竞争力

非遗文化想要突破市场困境,运用新兴手段实现转型升级是最贴合时代发展的方式。直播平台的出现,有助于非遗文化增强其市场竞争优势,提高其市场竞争力。直播平台是双边市场,能够聚集庞大的用户群体,使得效益最大化实现,各方参与且各方受益,非遗文化在其中则固然受益,长此以往,就能不断提升市场竞争力,在市场中站稳脚跟。直播平台的开放性为非遗文化带来了无限发展空间和机遇,通过为广大用户提供个性需求化服务,满足各类用户的需求,并且在内容生产方面不断优化升级,非遗文化在直播中展现出巨大的市场活力,前景可观。

在数字经济蓬勃发展的今天,直播平台能够为某些非遗文化项目带来比较可观的经济收益,拓宽其市场发展渠道。直播平台帮助非遗文化拉近与观众的距离,改变非遗文化传承人和观众之间的关系,让看似曲高和寡的非遗文化大众化。观众通过观看非遗文化网络直播,以礼物打赏和购买非遗文化产品的形式让非遗文化实现经济创收,直播平台和广告商为非遗文化提供相应的扶持和赞助,让非遗文化能够在市场中存活下去。

四、非遗文化的直播平台利用对策

非遗文化利用直播平台助力其实现经济创收,同时,直播平台发挥其传播的广泛性、互动的即时性、空间地域的不受限性，使得非遗文化的传播、保护及传承都得到最大程度的提升。对于在非遗文化的直播平台利用中，要以平台经济理论为指导，针对政府、直播平台、非遗文化主播以及观众四个方面，分别给出具体的对策和建议，而后进行实践操作，从而使非遗文化网络直播能够科学合理地发展。

（一）加大政府对非遗文化网络直播的支持力度

在非遗文化网络直播的发展进程中，政府作为主导力量应充分发挥主导作用，参照我国直播行业和世界其他国家或地区的先进经验，加强非遗文化网络直播的法律法规建设，引导建立"直播+非遗+电商"的营利模式。政府的关键作用在于扶持，为非遗文化的传播和生存创造有利土壤，让非遗文化能够利用直播平台真正实现经济创收。

1. 出台相关政策法律法规

近年来，我国的直播行业发展态势迅猛，直播行业已进入井喷发展期。

(1) 直播平台的法律约束和权利。政府及相关部门应该加快出台在非遗文化网络直播中，针对直播平台的相关政策法律法规，将直播平台的责任和义务细化，规定其应当对以非遗文化为代表的传统文化降低门槛，为其提供更多、更优惠、更便利的条件，大力推广非遗文化网络直播。直播平台应当对非遗文化传承人对于非遗文化项目在入门培训、内容打造、观众引流上都给予相应扶持，让非遗文化传承人对于非遗文化项目能够弄清楚直播到底该如何进行。在众多的直播平台及其活动中，非遗文化如何脱颖而出，如何用观众喜闻乐见的方式打造出来，政府也应对直播平台予以积极引导，让直播平台推出越来越多的非遗文化网络直播活动，对非遗文化进行大规模宣传。对于侵害到非遗文化传承人或者非遗文化项目法律权益的问题，针对直播内容的不合法、不合理情况，对直播平台的行为也应加快标准化、系统化立法。另外，平台也不得损害其他各类非遗文化主播和观众的法律权益。同时，平台也应合法享有一定的权利，以确保平台自身的发展。

(2) 非遗文化主播的法律约束和权利。政府不仅要对直播平台进行约束，也要对非遗文化主播进行约束。因为非遗文化网络直播有不同的内容形式，非遗文化主播也不尽相同，那么政府需要有针对性的面对各类非遗文化主播，对其进行行为规范，坚决杜绝低俗化直播形式。对待非遗文化主播，除了规定其责任和义务，也应当保障其相关权益。政府应规定给予非遗文化主播与其他主播区别对待的福利政策，最大限度地给予非遗文化主播帮助，尤其是非遗文化传承人主播。

(3) 非遗文化项目的法律保护。政府对于非遗文化项目的法律保护也是极为必要的，因此出台对非遗文化项目在直播中的法律保护细则和措施，以此来保障非遗文化项目在直播中的权益。

2. 完善非遗文化网络直播内容监管体制

直播行业作为发展最为迅猛的新业态，且伴随各行业人士的集聚和市场的不断规范，其所面临的竞争趋势会愈演愈烈，丝毫不亚于实体市场。如今的直播行业市场集中度较高，直播行业壁垒的形成与各大直播平台雄厚的资本投入有关，许多中小规模的直播平台不堪打击，生存发展条件受阻以致被迫退出直播市场。为维持非遗文化网络直播市场秩序的稳定，促进直播行业的良性竞争，杜绝直播平台让非遗文化项目面对直播平台"二选一"的垄断行为，杜绝大直播平台打击中小直播平台的现象，政府应立法规定直播平台不得限制非遗文化项目只选择自身平台而放弃其他平台，应为中小规模的直播平台提供让其生存发展的空间，以此促进非遗文化网络直播市场的有序健康发展，促进直播行业的公平竞争。

在对非遗文化网络直播内容的监管中，面临非遗文化产品价格混乱、产品质量参差不齐、各种不公平竞争、监管规则措施的缺乏、市场准入标准不完善等诸多问题。政府应当加快完善非遗文化网络直播相关市场的规范，创新对非遗文化网络直播的监管模式，优化非遗文化网络直播的产业链，促进非遗文化网络直播行业的公平竞争，完善非遗文化网络直播的监管体制机制。

3. 制定非遗文化网络直播规划

政府应当对非遗文化网络直播进行系统的、全面的、准确的规划，担当起引导扶持、协调运作、管理规范的重要职责。首先由政府制定非遗文化网络直播规划，然后由文化部门和非遗文化部门给予专业指导建议，再由直播平台制定出方案并负责实行。在此过程中，坚持各方优势互补、多方协同运转、突出专业的原则，层层递进，多方参与其中，共同出力。进行规划前，政府应当对非遗文化网络直播做深入的调查评估分析，过程坚持线上和线下同时进行的原则。

第一步，在非遗文化网络直播前，先测评对非遗文化网络直播的规划。除政府部门参与外，还应当邀请非遗文化传承人、非遗文化研究专家、直播平台负责人、网络技术专家、电子商务专家、非遗文化主播代表等，一起进行综合测评。把握好非遗文化网络直播的效果、典型非遗文化网络直播代表和非遗文化网络直播带来的经济效益、商业机遇，有利于非遗文化网络直播的渗透广度和深度，让观众能够正确认知非遗文化，甚至主动参与非遗文化传承队伍中。

第二步，在非遗文化网络直播后，对其进行短期评估和长期评估。短期评估是在非遗文化网络直播后，立即对其收看范围、观众属性、传播途径、转发和点击率等数据的调查和评估。长期评估是指在非遗文化网络直播结束一段时间后，对其促进非遗文化传播、非遗文化传承保护和产生的经济效益等效果的调查。

此外，政府还应依照国家非遗法、保护公约、非遗条例和相关政策法律法规，充分考虑非遗文化传承规律，明确哪些非遗文化项目适合直播，哪些非遗文化项目不适合直播，给非遗文化项目提供最有说服力、最客观的建议。政府对于直播平台、非遗文化主播包括喜爱非遗文化的消费者，都要分别做好社会调研工作，切实掌握非遗文化网络直播的发展动向。

4. 引导"直播+非遗+电商"的营利模式

"直播+非遗+电商"模式，推动了非遗文化商业化进程的发展，对于运用新兴手段传承非遗文化、为非遗文化创收都起到了良好的示范作用。政府应当引导"直播+非遗+电商"的营利模式，让直播和电商一同助力非遗文化的创收，打造一条完整的非遗文化网络直播产业链。这种"三合一"模式的运用，能够集聚非遗文化的文产效用，将非遗文化项目的文化资源优势转变成经济效力和产业优势，助力非遗文化的生产性保护。政府要作为开发"直播+非遗+电商"模式的主导者，在政策上首先予以支持，鼓励直播平台、非遗文化项目、非遗文化传承人以及电商加入这一模式的创建中来，建立起长效发展机制，发挥其对非遗文化的传承作用，真正实现非遗文化的经济创收及发展。

在"直播+非遗+电商"的营利模式中，直播的传播力与电商的商业资源共同为非遗文化开辟了营利渠道，非遗文化产品在线上流通的过程中形成规模化市场。原本有着创收困难的非遗文化产业，通过这种创新模式拥有了自我造血能力。在这种创新模式不断发展之下，会赋予政府更多的职能。

（二）完善直播平台非遗文化网络直播经营策略

面对非遗文化网络直播良好的发展态势，直播平台作为与政府、非遗文化主播和观众合作的桥梁，应当充分发挥其联结各方的作用，为非遗文化网络直播的发展进程提供助推剂。直播平台在今后应当明确发展思路，打造精准定位的优质直播内容，在市场中有序竞争，建立起完善的营利模式，从而助推非遗文化网络直播走向更加广阔的空间。

1. 明确非遗文化发展思路

直播平台作为非遗文化进行直播的渠道，有着对其进行宣传推广的责任。目前的非遗文化网络直播还不为大众所熟知，观众对于非遗文化的了解还处于初级阶段。直播平台应明确发展非遗文化网络直播的思路，通过对非遗文化网络直播的大量推广，让广大观众对非遗文化的认知程度能够达到足够了解，就像电商直播的概念已经深入人心一样。

（1）从平台自身发展出发。作为国内顶流的直播平台，抖音和快手目前对于非遗文化的推广做的是最好的，也是最广泛的。国家级非遗文化项目的覆盖率也都是所有直播平台中最高的，近乎百分之百涵盖了国家级非遗文化项目，这体现了平台流量的吸引力。看准时机，把握机会，用不断创新的形式扩大对非遗文化的宣传，如此也能够为自身引流。

（2）从吸引年轻观众出发。直播平台就要用年轻人喜爱和接受的方式对非遗文化进行推广。年轻人最大的爱好就是新鲜事物，把握好他们的这种心理，有针对性地加大对非遗文化网络直播的传播推广的趣味性的塑造。

2. 精准定位发展思路

直播平台应当对每类非遗文化网络直播分别进行精准的定位，在每个非遗文化项目进入直播领域前，明确告知其应该选取哪种直播形式能够让其实现利益最大化。在精准定位之后，就要考虑对优质直播内容的塑造，只有打造出有创新性、趣味性、故事性的优质非遗文化网络直播，才能达到吸粉目的，从而帮助非遗文化"火"起来。

直播平台应充分运用其互动性和即时性，助推更多的非遗文化项目进行直播，并为其提供更加全面、系统、专业的培训服务。培训服务可包含如平台入门指南、直播内容打造、直播形式选择、非遗文化产品展示、如何做好主播、如何发展"粉丝经济"等。通过培训让广大传承人走进直播行业，通过商业销售检验自己的作品和产品，提升技艺水平，从而推动非遗文化传承的进程。

对于不同类别的非遗文化网络直播，直播平台在优质内容的提炼上要有侧重性，体现出各类非遗文化网络直播的特色。直播平台要牢牢把握非遗文化的精髓，深刻理解其内含价值，还原其本真，紧跟政府引导，正视非遗发展的特殊性和持续性，只有不断打造出创新性直播才能不断吸引大众目光。

对于技艺展示过程的直播，主播必须为非遗文化传承人本人，因为只有传承人才掌握技艺本领。直播平台有责任和义务为非遗文化项目的主播选取上提出中肯建议。

3. 保障市场有序竞争

直播行业大发展的前景下，各直播平台开始了激烈的角逐。为了防止不公平竞争的发生，平台应自觉遵守相关政策法律法规，积极响应国家号召，促进非遗文化网络直播在双边市场中的公平有序竞争，营造并维护市场的良性竞争环境。

（1）杜绝侵权问题发生。直播平台应当加大对于侵权问题的治理措施，坚决维护非遗文化项目、非遗文化传承人等的合法权益。对非遗文化网络直播中牵扯到的知识产权、著作权、隐私权、肖像权等权益,提供法律保障。对非遗文化网络直播内容应提出明确的规定和限制,在保障非遗文化主播营利自主权的同时,也要对其进行约束,以此杜绝侵权问题的发生。

(2)实行反垄断措施。坚决杜绝各种垄断行为,大力实行反垄断措施。平台要正确运用大数据进行运营,不得限制非遗文化项目选择其他平台的权力,不得对非遗文化网络直播进行没有原因的限流,不得挤压其收益,减少或减免非遗文化项目在引流上的费用。

4. 完善市场营利模式

直播平台应针对不同的非遗文化项目采取不同的营利模式,在目前的四种营利模式中,知识付费可以是未来直播平台广泛发掘并完善的一种非遗文化网络直播营利模式。平台在利用非遗文化网络直播营利的过程中,应当将非遗文化价值放在首位、降低门槛费用、减少分成,厘清发展非遗文化网络直播重在弘扬和传承非遗文化,而不是商业营利。

(1)将非遗文化价值放在首位。直播平台应当将非遗文化的历史文化价值、社会价值、公益价值放在首位,将扶持非遗文化、承担传播非遗文化的责任放在首位,在政府的引导下,积极响应号召,努力为非遗文化打造更好的发展平台,牢牢把握好弘扬中华传统文化的重要性。平台要做好对于主播的风险把控,把握其价值取向的正确性,防止其过度追求商业利益而忽略非遗文化的传播、传承及保护责任。

(2)降低门槛费用。直播平台对非遗文化项目能提供的最大便利,首要在于降低非遗文化项目进入直播平台时的门槛费用,也就是降低签约费或保证金。直播平台应当在起点上就为非遗文化项目提供扶持,将入门费降至最低,甚至可以不收取费用,这才能体现平台的社会责任感。平台不应将非遗文化网络直播与其他直播等同对待,不应将入门费作为营利的手段,要为非遗文化提供最大优惠。

(3)减少分成。平台在利用非遗文化进行营利的过程中还应减少其自身的分成。直播平台可以在分成中与非遗文化项目持平甚至更低,这需看平台自身的资金运转是否能支撑起这部分营利的减少,大部分平台应该是可以做到的。

(三)打造非遗文化主播的高品质身份

非遗文化主播作为非遗文化网络直播中的关键力量,通过其内容呈现能够加深观众对于非遗文化的感悟。非遗文化主播应当通过打造其高品质身份,打破低俗化直播的误区,讲好非遗文化故事,展现非遗文化魅力,积极推动非遗文化网络直播进程。

1. 弘扬非遗文化价值理念

非遗文化主播需要具备对非遗文化这些多重价值的理解和把握，将商业价值放在最后，并且认可非遗文化在意识形态层面及社会发展中的深远意义。非遗文化主播要牢固树立并弘扬非遗文化价值理念，这是最重要的，也是最基本的。在此基础上进行对非遗文化网络直播内容和形式的塑造，及时有效地与观众交流互动，并解答观众的疑难问题。

当非遗文化主播能够牢牢把握非遗文化的价值内涵，就能够更好、更准确地传播非遗文化，提高观众对于非遗文化的兴趣。并且，他们自身通过树立非遗文化价值理念，身心情操都得到陶冶净化，有利于自身发展。作为非遗文化的传播者，传播者有了非遗文化价值意识，才能传递给受众，受众受到传播者的感染，将非遗文化价值发挥到最大值，非遗文化才是真正被受众所接受了。

非遗文化主播除了要加强弘扬非遗文化价值理念的意识，还要具备自觉承担对非遗文化的传播、传承和保护责任的意识。不能仅仅只是把做直播当成是工作，选择了非遗文化，就要接受非遗文化所赋予的社会责任。

2. 提升主播专业素养能力

非遗文化网络直播不同于其他直播，有着极为深刻的文化内涵，这就要求非遗文化主播必须具备非遗文化的相关专业素养。对于非遗文化传承人来说，当他们进入直播领域，需要具备的专业素养就是直播行业内已达成共识的专业主播素养，例如观众共情能力、直播氛围的营造能力、语言表达能力等。

非遗文化主播可以参考建立起"大主播"模式的直播团队，由团队合力为主播打造出完美的直播。非遗文化主播要主动学习掌握一定的商业知识和技巧，了解直播行业内的商业运转模式，厘清非遗文化项目会有哪些卖点，深知消费者偏好。当拥有了商务能力，主播就能为非遗文化项目带来更多的招商引资，久而久之，非遗文化项目的规模就会变大，再反作用于主播，又为主播本身带来了流量和利润。

3. 打造多种直播形态

（1）微剧情和场景化内容。非遗文化主播要借鉴优秀直播案例中对于直播内容故事性和场景化的打造，不要局限于枯燥乏味的常规直播形式。在抖音平台中，有不少主播选择塑造剧情直播，这种打造"段子"类的剧情直播，观众群覆盖广，很容易引起粉丝共鸣。

非遗文化主播要着手打造适合非遗文化项目的剧情设置，摆脱非遗文化在观众眼中的无聊感，激发观众的情感波动或者好奇心，这也为其本身的直播增添了有趣色彩，让主播也感悟到直播的乐趣，可谓一举两得。在塑造内容的过程中，主播要避免低俗化倾向的直播内容，打造出创新高雅的直播内容。

（2）科技赋能的直播形式。随着5G时代的到来，科学技术也为直播形式赋能，为直播提供了新的表达方式。非遗文化网络直播要抓住科技发展的机遇和空间，运用科技为非遗文化传播插上腾飞的翅膀。这种直播形式今后可以为各类非遗文化主播所使用，会产生非常好的直播效果。比如，像传统音乐、美术这类非遗文化项目，就可以运用数字媒体投影系统、全息投影技术、雷达互动系统、定向音箱音频系统、圆形触控屏AR[①]设备等先进技术手段，并结合光影艺术进行展示。

4. 扩大吸引年力度

（1）有效深度互动。直播最大的价值和魅力在于互动，非遗文化主播应把直播重点放在对非遗文化项目的品牌、技艺特点的介绍以及非遗文化产品的展示上，导购带货只留几分钟就够了。观众除了对非遗文化技艺点赞之外，也会对非遗文化项目产生浓厚的兴趣并提出问题，比如在哪里能买到非遗文化产品；价格如何；非遗文化工艺是怎么形成的等等。无论是非遗文化传承人，还是其他非遗文化主播，都要敢于面对观众，对于观众提出的问题给予及时回答。

（2）对标主要观众群体。每个非遗文化项目都有不同的特色，每位观众也喜好不同的非遗文化项目，这就需要非遗文化主播要针对非遗文化项目的发展，对标主要观众群体，需要非遗文化主播有敏锐的市场洞察力、大局观和长远的眼光，看准非遗文化项目会吸引哪些观众，针对年轻观众这一庞大群体，又应该如何划分。

（3）非遗文化的IP提炼。非遗文化本身具有不可估量的文化价值，其实已经在大众生活中形成了具有一定影响的文化IP（知识产权），只是未能得到有效扩散。非遗文化主播应具备强烈的IP意识，提炼孵化非遗文化传承人IP和非遗文化项目IP，将非遗文化IP化，推动非遗文化与各行业及产品的有效结合。在直播中运用非遗文化知识讲解、线上互动、广告宣传等方式强化文化认同与该符号价值，让观众意识到非遗文化的重要性，增强观众的文化自觉性。这样，非遗文化网络直播的观众黏性被提升，直播平台也在非遗文化IP的影响下扩大知名度，吸引更多新用户入驻，达到引流目的。与此同时，非遗文化在非遗文化主播和观众的共同作用下，其IP价值会得到进一步挖掘，"老手艺"得以"新传承"。

[①] 增强现实技术（Augmented Reality，AR），它是一种将真实世界信息和虚拟世界信息"无缝"集成的新技术，是把原本在现实世界的一定时间空间范围内很难体验到的实体信息（视觉信息、声音、味道、触觉等），通过电脑等科学技术，模拟仿真后再叠加，将虚拟的信息应用到真实世界，被人类感官所感知，从而达到超越现实的感官体验。简单讲，就是使真实的环境和虚拟的物体实时地叠加到了同一个画面或空间同时存在。

（4）打造沉浸式体验。对于非遗文化网络直播来说，运用这种形式也未尝不可。非遗文化主播可以运用新兴的科学技术，为观众打造出沉浸式的全新直播体验。例如，运用时下最先进的数字交互投影墙、全息纱幕投影系统、全息数字风扇，结合 VR 技术、5G 技术和光影艺术，调动观众的积极性，让观众参与到直播中来，为其在直播中打造仿佛身临其境的视听盛宴。

（四）提升观众消费者的审美品位

作为非遗文化网络直播的受众，观众的偏好会影响非遗文化网络直播的发展方向。推动非遗文化网络直播实现积极发展，不能缺少观众的助力。观众应当提升审美品位，提升传统文化素养，重视非遗文化，自觉承担起对非遗文化的传承和保护的责任，并且要理性消费非遗文化，营造良好的非遗文化网络直播环境。

1. 提升非遗文化素养

非遗文化网络直播为直播行业带来了一股清风，与其他直播最大的区别在于其具有深刻的民族文化、传统文化、历史文化等内涵。作为非遗文化网络直播的观众，应具备一定的传统文化素养，培养高级的审美趣味。

2. 重视非遗文化

通过提高对非遗文化的重视程度，非遗文化在观众心中的地位就会提升。非遗文化能够浸润观众的思想，丰富其精神文化生活。观众对于非遗文化的了解应该是主动的，而不是被动的，要树立起文化自觉。现在，有了直播这个巨大新动能出现，为非遗文化拓宽传播路径，让越来越多的观众，越来越多的年轻观众，感受到非遗文化也可以是通俗化的、是接地气的。

观众重视非遗文化体现在提高对非遗文化的认知水平和认知能力，关键是要升级其思维方式。想要认知升级，首先要储备足够的非遗文化知识，观众的认知能力是基于非遗文化知识储备基础的。培养对非遗文化的学习兴趣，坚持阅读、学习非遗文化相关材料书籍，积累各种有关非遗文化的知识，然后通过写作等方式来整理思维、强化理解，让各种非遗文化知识融会贯通。关于对非遗文化认知能力的提升，不仅需要非遗文化知识的积累，还需要掌握与认知能力相关的思维能力。需要有意识地将自己了解和学习到的非遗文化知识套用到自身日常生活中，不断感悟参透、试验实践，知识才会逐步转化为能力，此时，观众对非遗文化的认知能力便会逐步升级。由此而来，观众便能够真正接受非遗文化网络直播。

3. 自觉承担非遗文化传承责任

观众应当增强非遗文化传承保护意识，提高对非遗文化传播、传承和保护的责任感和使命感。非遗文化的传承与保护不只是国家政府和非遗文化传承人的责任，而是我们每一个人的责任，人人都应做"非遗文化传承人"。自觉肩负起传承发展中华优秀传统文化的历史责任。作为中国公民，每个人都有义务紧紧跟随党的领导，深刻贯彻党的行动指南。作为观众来讲，每人都有传承中华优秀传统文化的历史责任。那么作为非遗文化网络直播的观众而言，毫无疑问，每位观众都有传承发展非物质遗产文化的责任。

文化是民族的血脉，是人民的精神家园，非遗文化能够促进人民群众增强内心深处的民族自豪感。作为青年人的我们，更应该自觉承担起非遗文化传承保护的责任和使命，延续非遗文化的生命力。

4. 理性消费非遗文化

观众在观看非遗文化网络直播时，要理性消费非遗文化产品，应当与非遗文化主播进行文明友好的良性互动。在娱乐直播中，这种互动方式可以为大众接受，是因为目前还没有出现更好、更高雅的互动模式，非遗文化网络直播要进行这方面的尝试，离不开观众的努力改变。观众要注意文明用词以及个人言行，明确非遗文化网络直播的特殊性、重要性、差异性，促进非遗文化网络直播环境的绿色健康。

观众作为消费者，应当树立理性文明的消费观念，不同非遗文化项目所制作出的非遗文化产品不同，不同非遗文化产品的价值决定了其价格的不同。观众应当切实考虑非遗文化产品的效用，有些非遗文化产品的价值决定了其价格就是较高，观众也应当予以理解。青年观众要培养合理的消费方式，养成正确的消费习惯。面对有经济创收困难的非遗文化产品，我们应当对其有公益眼光。非遗文化产品首先是普通产品，而后才是非遗文化产品，只是形式和文化内涵可能与其他商品不同，我们要理性看待非遗文化产品。

总之，在现代化和经济全球化的冲击下，我国的非遗文化正面临着史无前例的巨变，非遗文化的市场生存发展有了与时俱进的新诉求。在此背景下提出非遗文化利用直播平台进行市场探索，是对非遗文化在当代市场环境下的生存状态、永续发展的审慎思考。

目前，非遗文化与直播的跨界融合尚处于发展的初级阶段，在非遗文化利用直播平台发展的过程中，政府、直播平台、非遗文化主播及观众四方协同出力，已经作出了一些成绩，可喜可贺。面对泛娱乐时代的冲击，政府应当充分发挥其主导作用，为非遗文化提供最大限度的扶持；直播平台应当充分发挥其纽带作用，联结各方资源和优势，完善非遗文化网络直播经营策略；非遗文化主播应当着力打造创新高雅的直播内容和形式；观众则要提升审美品位，自觉承担对非遗文化的传承和保护的责任。只有四方共同合力，积极实践，非遗文化才能通过直播保持其旺盛的生命力，实现可持续发展。

第五章 非遗文化与旅游的融合发展与品牌建设

第一节 非遗文化与旅游产业的融合发展

一、非遗文化产业利用意义

非遗文化产业利用是推动中华优秀传统文化创造性转化、创新性发展基本方针在非遗文化领域的实践探索,对坚定文化自信、提升国家文化软实力、建设社会主义文化强国具有重要意义。非遗文化产业利用的重要意义主要体现在以下方面。

(一)有利于满足人民文化消费需求

我国丰富的非遗文化源于人民群众的生产和生活实践,是满足人民精神文化生活需要、增进民生福祉的重要内容。当今,借助产业发展模式助推非遗文化的创造性转化、创新性发展,为人民群众提供形式多样、内容丰富的文化产品和精神文化服务,已成为推动文化发展繁荣的重要途径。

非遗文化消费市场可以分为传统消费市场和现代消费市场。一般来说,传统消费市场是以原汁原味的非遗文化产品作为商品,这有利于非遗文化原貌的保护,确保"本真性"。现代消费市场主要是以非遗文化作为文化元素参与消费品的生产制作,以风格化、元素化的方式向大众提供与非遗文化相关的产品与服务,这有利于扩大受众面和提升其经济价值。两个市场并行不悖,共同发展。

(二)有利于遵守符合发展的规律

我国非遗文化资源十分丰富,整体数量浩如烟海。非遗文化不仅是中国传统文化艺术的瑰宝,更是一种可转化的潜在产业资源。我国非遗文化遗产是个文化资源富矿,蕴含着许多集体记忆、民间智慧、民族精神和产业资源,有很强的文化特征和产业利用价值。非遗文化的产业利用为推动非遗文化的传承发展提供了不可忽视的正能量。

在新形势、新环境下，非遗文化资源的开发利用已成为一种发展的方向，在保护好非遗文化的基础上，进行合理的、有序的开发利用，使其创造一定的经济价值。只有坚持保护和开发并重，通过面向市场的非遗文化产业利用运作，发挥非遗文化资源的经济价值和社会效益，使非遗文化保护从"靠政府、靠公益、靠个人"的被动消耗型模式转向"靠自身、靠市场、靠社会"的主动发展型机制，才能真正实现非遗文化的健康可持续发展。

(三) 有利于体现公约精神

我国非遗文化产业利用就是通过挖掘非遗文化资源的经济价值，寻求非遗文化项目与市场经济的新结合点，在充分观照当下社会生产、民众生活和审美观念新变化的前提下，适应新时代社会发展需要，用现代产业理念和市场经济法则进行创造性转化，在保留传统非遗文化项目精神内核和核心生产技艺的基础上，将现代精神文化、审美思想和新颖形式融入其中，开发出具有时代气息和地方特色的、为现代大众所喜爱的文化产品。

非遗文化的产业利用力图从非遗文化资源中汲取经济转型发展的元素，提升其经济价值，这不仅对非遗文化的保护传承起到积极作用，还可以直接或间接地产生良好的经济效益，推动地方经济发展。因此，我国的非遗文化的产业利用体现了联合国科教文组织《保护非遗文化公约》的基本精神。

非遗文化产业化是将非遗文化作为开发项目，而对其实施大规模机械化生产和产业化经营，是一种以营利为主要目的的"商业化"行为。其基本特征是以市场为导向，以效益为中心，是一种追求利润最大化的竭泽而渔式的开发。

总之，非遗文化产业利用，一方面要加强非遗文化资源与产业业态的互通合作，另一方面要谨防对非遗文化遗产进行过度化和浅表化开发。

二、非遗文化与旅游产业融合发展的优势与价值

产业融合是指不同产业或同一产业不同行业相互渗透和交叉，融为一体，形成新产业的动态发展过程。产业融合是动态演变的过程，由产业间分立阶段、产业间由分立走向融合阶段和产业融合阶段三个连续递进阶段构成。文化产业融合发展是一个开放的自演化系统。

(一) 非遗文化与旅游产业融合发展的优势

近年来，一种新的旅游形式应运而生，即非遗文化和旅游产业发展相结合。"非物质

文化遗产具有极高的历史价值、文化价值和社会价值，因而成为旅游品质化开发的优势资源。"[1] 非遗文化的旅游项目具有文化性、地域性、典型性、稀缺性和真实性等特点。它对相关地区的政治、经济和社会发展具有重大影响。物质遗产最大的区别是无形性。为了使乡村旅游充分利用这种非遗文化，我们需要一种合适的媒介。比如，非遗文化中的民俗需要借助乡村旅游中的旅游节来展示文化形态，通过丰富多彩的文艺活动来传播民间文学。

1. 非遗文化的传承与保护

旅游经济非遗文化的传承与保护是实现乡村振兴战略的重要手段和途径，是乡村文化振兴不可或缺的内生力量。非遗文化是拥有几千年文明历史的积淀，是中华传统文化的瑰宝，对中华民族精神建设有着潜移默化的影响。在构建非遗文化传承与非遗文旅整合机制时，要完善非遗文化传承与旅游开发的多元监管体系。

非遗文化的保护和传承具有鲜明的地域特色和民族特色，具有开发文旅产品的市场潜力。如深入研究夏河丰富的文化遗产资源，把握符合旅游产业发展的大趋势。从文化与旅游融合的角度，根据夏河文化遗产的资源质量和遗产地的地域特色，结合旅游消费需求，积极利用这些非物质遗产资源进行旅游产品创新的可行路径，以实现非遗文化资源的利用、保护和传承。

2. 提高旅游产业竞争力

旅游是一个综合性很强的产业，其中非遗文化的特色旅游产品有着举足轻重的地位，所以非遗文化成为推动旅游发展的重要因素，许多地区将旅游产业列为重点产业，甚至是支柱产业。随着国家的政策扶持，使非遗文旅产业规模不断扩大，旅游竞争力显著提高，成为区域经济新的增长点。但是一些地区的旅游产业还处于起步阶段。将资源优势转化为经济优势以下总结三点。

（1）设计多样化的旅游产品。目前，旅游者的层次、爱好、审美和消费水平各不相同，这就决定了旅游产品不能只是单一的样子，要多样化、多元化来满足各种年龄段的旅游者的爱好和需求。

（2）开发特色旅游产品。在当下旅游市场激烈竞争中，个性化的旅游产品已成为旅游产业发展的一个重要特征和趋势，旅游产品丰富的内涵决定了其生存和发展的能力，只有做到产品具有独特的风格，具有类比性和"独特性"，才能在旅游市场竞争中具有持久的

---

[1] 刘少艾，林迎星. 游客参与、真实性感知与非遗文化旅游价值开发 [J]. 福建论坛（人文社会科学版），2020，(12)：99.

吸引力和生命力。

（3）确定性价比较高的旅游产品。旅游产业的竞争优势不仅体现在产品的内容上，还体现在合理的性价比上。因为旅游产业的综合竞争优势主要来源于旅游产品在旅游市场中的内在价值与外在价格的有效结合。

3. 开发特色旅游纪念品

随着旅游产业的深入发展，积极开发旅游商品、完善旅游服务体系的理念被越来越多的人所接受。开发具有民族、地域、文化特色的旅游工艺品和纪念品，是现代旅游经营者追求的目标之一。许多地区以不同的方式展示自己独特的旅游商品，创造品牌效应，不断推陈出新。观光节、香囊节、文化庙会、旅游交易会都是旅游商品展示魅力的舞台。同时发展环保健康、特色文化、个性旅游等服务消费。鼓励企业创新产品和服务，促进新产品进入市场，确保国内外产品同线、同标准、同质量。保障小店、小店等便民服务有序运行。

（二）非遗文化与旅游产业融合发展的市场价值

非遗文化和旅游产业的融合发展已成为一种新发展态势与大趋势，融合发展终极目标是实现我国文化资源开发利用和旅游市场的产业升级。非遗文化与旅游产业融合是指以非遗文化为核心的旅游资源，依托旅游产业和文化产业，在非遗文化生命力、旅游产业拉动力，政府政策保护力等共同作用下，两者共享资源、共享市场、共享技术，形成非遗文旅这一新兴产业业态的渐进过程。非遗文化保护与旅游产业的融合发展是指文化价值的融合和文化形式的融合。

1. 文化价值的融合

非遗文化产生于特殊时空环境，植入了独特文化基因，具有群体性和大众参与性，这使得非遗文化的价值变得丰富和多元。非遗文化产生本身就是群体文化创造、随着演变其文化体系和观念变得日趋成熟和完善。从本质上来说旅游开发是文化开发，支撑旅游发展的基础是深厚的文化内涵，非遗文化独特文化性以及旅游的本质属性使两者有了交汇，其交汇点就是文化。非遗文化输出了文化，旅游将文化加以利用，又对非遗文化进行滋养，文化就在这样的循环中不断演进。

2. 文化形式的融合

非遗文化多种多样，类型差别较大。每种非遗文化有着其自身传承路径和演变路径，文化遗产价值展现既可以通过其载体来表现，也可以通过其本身遗传密码。在以往，非遗

113

文化口口相传，言传身教，非遗文化继承者通过语言和行为来进行完善的，传承人在文化中加入自己的理解并不断进行创新。非遗文化是旅游资源的重要组成部分。非遗文化具有多样化的表现形式，可观赏、可体验，这正好契合了旅游者对旅游提升参与性的诉求。

三、非遗文化与旅游产业的融合发展措施

（一）融合基础：资源共享

资源共享是不同产业间融合的基础，产业关联性的强弱，资源整合程度的高低、资源配置得是否科学合理，制约着产业融合的程度。旅游资源一个重要的特征就是吸引力。作为优秀传统文化和具有独特文化风貌的非遗文化天然地具备旅游资源的属性。现实的旅游活动中，非遗文化是旅游资源的重要组成部分。

不同类别非遗文化可以和旅游主题相融合，衍生出新旅游形式。资源共享和整合一种是面向传统旅游资源的整合，在原有资源的基础上进行主题建造，文化升级和文化内涵深化等。资源共享的另外一种方式就是以非遗文化为核心打造新的旅游资源，如非遗文化旅游主题线路，非遗文化主题景区，非遗文化主题文化馆和博物馆等。非遗文化是旅游资源的重要组成部分，其历史价值、文化内涵、艺术特性等多方面的价值增加了当地的文化厚重感，为其发展旅游产业提供了得天独厚的软件和硬件等条件，并提升了该地旅游产业的未来发展潜力和现有吸引力。

（二）融合延伸：市场拓展

旅游产业由旅游者作为自己独特的服务对象，非遗文化的受众是面向社区以及当地的民众。旅游产业将非遗文化纳入自己的势力范围，成为旅游资源的一部分。旅游者在旅游过程当中必然体会到非遗文化独特的文化魅力。原来非遗文化的受众会因为旅游者对非遗文化爱好影响，势必产生新的兴趣和爱好。旅游者、非遗文化保护者、传承人将会构成庞大的群体。非遗文化和旅游的融合最终要在旅游产业的发展当中实现。旅游主管部门、旅游产业、旅游从业者、非遗文化传承和保护的利益相关者构成了旅游市场和非遗文化市场的一个集合体。市场需求者不单单是旅游者，还增加了非遗文化的受众。

（三）融合体验：认知强化

非遗文化与旅游产业的融合发展有很多种模式，旅游为游客提供了体验的条件，非遗文化为游客体验提供了更多内容、文化背景等，游客能够享受到整个体验过程。对当地旅

游文化进行体验,强化提升游客的情感共鸣、文化身份认同等,对中华传统文化进行深入感知。

非遗文化旅游开发可以对文化身份产生认同,其一方面展现了非遗文化的权威,同时体验能够强化文化的欣赏力与感染力,坚定游客的文化自信。体验经济中非遗文化与旅游产业融合发展,要冲破传统形式的博物馆、表演等模式,重视游客们的参与度,使游客与非遗文化资源间能够进行互动与对话,深化旅游体验感,强化文化认知度。对于区域非遗文化的资源,在开发旅游的过程当中,对体验主题进行提炼,尽量落实人无我有,将地区、文化特色彰显出来。

(四)融合关键:数字技术

数字化保护是当前非遗文化保护的焦点问题。非遗文化是和传统农业生产生活紧密结合在一起的,随着我国经济的发展,农业生活变得更加现代化,非遗文化传承和发展基础就不复存在。原真性是非遗文化的重要吸引力之一。口口相传的非遗文化传承人面临着无人可传承的风险。数字化时代的到来,使我们保存原汁原味的非遗文化成为现实。非遗文化是动态的文化,是依托于文化群体本身而存在,以声音、形象和技艺为表现手段,是"活态"的流动文化。数字技术可以构建非遗文化的数据库和平台。虚拟现实和可视化可以将非遗文化原真性的声音,表情动作进行记录,可以实现非遗文化的虚拟还原和在线可视化。数字化保持的非遗文化更好保存其原真性,其文化的吸引力就更加强大,更加有利于实现非遗文化的传播,也更加容易让旅游者用更加直观的方式接触到非遗文化。

总之,非遗文化和旅游产业的融合是当代旅游发展和非遗文化保护不可逆转的大趋势,两者之间融合既是文化价值的融合,同时也是一种文化形式的融合。融合动力除了两者自身发展的需要,还有一个重要因素是政府推动。内推力、外拉力、政府力三者的合力使非遗文化和旅游产业关系密切,互动发展。实现两者更加健康的融合,离不开两者在资源方面的融合,也离不开两者在市场开拓方面融合延伸,计算机技术和数字化技术为两者之间融合提供了更好的基础。非遗文化和旅游产业在各种动力的作用下不断融合,融合路径也在不断地拓展和深入。

(五)融合目的:文化宣传

非遗文旅宣传是促进非遗文旅产业发展的重要支持,因此,各地应当结合地方经济与非遗文化宣传需求,进行非遗文旅宣传方式的丰富,树立良好的旅游形象,从而为非遗文旅产业的发展提供更多的支持。

第一，深入挖掘非遗文化的内涵与特色，将其融入宣传内容之中。借助现代科技手段，如短视频、虚拟现实等，将非遗文化技艺生动地展示给观众，激发游客的兴趣和参与欲望。同时，结合当地优美的自然风光或历史人文，打造非遗文化与旅游景点相互交融的宣传故事，使游客在体验非遗文化的同时，也能感受到地域独特的魅力。

第二，加强非遗文旅的线上推广。通过社交媒体平台、旅游网站以及在线直播等渠道，将非遗文化传承人、非遗文化项目的故事进行深度讲解和展示。利用互动性强的在线平台，与游客进行即时互动，解答疑问，引导他们更深入地了解非遗文化的历史渊源和传承意义。这样的线上推广不仅可以覆盖更广泛的受众群体，还能为非遗文旅产业带来更多潜在的客源。

第三，积极参与相关活动和展览，展示非遗文旅的独特魅力。可以举办非遗文化节、展览，吸引各地游客前来参观体验，让他们亲身感受非遗文化的魅力与内涵。此外，可以通过合作举办文旅推广活动，将非遗文化与其他文化形式进行融合，形成更具吸引力的旅游产品。

第四，政府和相关机构要加大对非遗文旅宣传的支持力度。通过设立专项资金，鼓励非遗文旅宣传项目的开展，激发更多机构和个人的参与热情。同时，加强对非遗文化传承人的培训和支持，使其更好地传承和推广非遗文化，为文化宣传打下坚实的基础。

总之，拓展非遗文旅宣传的创新途径，不仅有助于推动非遗文化的传承与发展，也能为地方经济和旅游产业的繁荣作出积极贡献。通过多方合作与共同努力，我们可以让非遗文旅更加璀璨夺目，吸引更多游客前来感受中华传统文化的博大精深。

第二节 非遗文化的文旅资源开发

旅游和文化相互促进、密不可分，旅游属于体验型产业，而文化更是通过体验才能感受到其真正的魅力，因此必须重视文化与旅游的内在关系。文化是旅游的灵魂，旅游是文化的载体，文化和旅游一直以来都有所关联、不可单一而谈。文旅融合是一个复杂的结合过程，是两个产业之间的融合、是两种产品之间的结合，是文化发展理念和旅游发展理念的融合，将产"1+1>2"的效果，在融合过程中要始终遵循用文化提升旅游的内涵，用旅游承载文化的传承。在国家从顶层设计层面明确了文旅融合的原则：宜融则融、能融尽融，以文促旅、以旅彰文。非遗文化是最具竞争力的文旅资源，具有巨大的潜力与价值。因此，如何非遗文化的文旅资源开发成为重中之重。

一、非遗文化的文旅资源开发类型

(一) 非遗+主题商业街区

1. 商业街区的形态

随着中国城市的发展，商业街区作为城市重要的商业服务业以及文旅产业功能配套，呈现出丰富多彩的形态。结合实际情况来看，目前城市商业街区的主要形态有三种。

（1）临街商业。这种商业形态呈现出带状的特征，以住宅底商、沿街商铺为主要形式，以生活服务业态为主。其辐射能力不强，主要服务于周边居民，具有路过性而非目的性的消费特征。

（2）集中商业。随着城市土地资源的稀缺，城市商业呈现出集中的趋势，以大型商业综合体、大型集中复合商业街区为主要形态，具有典型的目的性消费的特征。集中商业在空间形态上体现为垂直空间的整合利用，在商业定位上凸显差异化的商业主题或号召性的商业资源。

（3）占地面积大的主题商业街区。这种商业形态一般处于城市规划中低容积率的区域（如生态缓冲区），或是临近景区/文保单位等。这种商业形态具备非常明确的主题，承载旅游服务功能或城市文化休闲娱乐功能。

2. 收益模式

商业物业是高成本的物业，其原因在于：①商业物业的价值取决于地段，商业价值越高的区域，其土地成本越高。②商业建筑本身的建设装修成本也比其他物业要高得多。③商业特别是集中商业，有大量的非直接经营面积的公共空间，如厕所、通道等。为体现消费的舒适性，越是高端的商业物业，其公共空间的尺度越大。这些公共空间作为公摊摊入了经营面积，也间接地增加了物业成本。④商业物业的日常运营维护成本也比较大（物业管理能耗等）。因此，商业运营的模式无非是高客单价模式（单次消费高，以质取胜）、高人流量模式（低消费，高人流量）或是二者的结合（在空间上以平面及垂直关系划分区域）。

在商业物业的收益方面，主要以物业租金收益衡量其投资回报价值。租金的高低也反映了商业的经营水平。因此，商业街区自身的定位、空间规划、对商业业态的吸引力、商业的品质和消费的舒适体验性等成为商业经营的重要影响因素。而随着城市商业竞争越来越强烈，社会消费的精神消费特征越来越明显，城市商业的主题定位显得愈加重要。

3. 文化对商业的赋能

在商业街区竞争越来越激烈的背景下，为更好地吸纳商家入驻，满足社会日益增长的精神消费，体现商业街区的主题差异性、消费的舒适与体验性，增强目的性消费的特征，文化进入了商业街区打造的视野。其原因在于：文化具有多样性，可以细分到多个领域；文化与品质、格调具有内在联系；文化具有主题性，细分文化领域更能锁定精准用户；在文化主题之下营造的商业氛围具有消费体验感；文化具有参与性与体验性。

在文化对商业较强的赋能下，非遗文化也成为商业街区的一大主题。非遗文化有多个类别，每个类别都有众多的商业业态；非遗文化特征；与当下社会生活存在距离从而产生新奇感；非遗文化参与体验性、展演与演艺性等，充分满足主题商业的需求，而且其目的性消费特征更为明显。因此，近年来我国涌现了多个非遗文化主题的商业街区。

（二）非遗+旅游景区

近年来，非遗文化与旅游的结合增强了游客的文化体验，同时也为非遗文化"活"起来开辟了新路径。非遗文化与旅游"联姻牵手"，走进景区，活态展示，更好地释放出非遗文化的文化价值和旅游价值，同时也为旅游增添了更多精彩。非遗文化进景区，不仅能让文化留住游客，还能让游客带走文化，而这些景点所具有的特殊历史价值和难以估量的文化精神，带给游客的不仅仅是感官的愉悦，更是精神的滋养。

在新机遇和新形势下，要科学促进非遗文化和旅游的融合需要做好以下几个方面的工作。

第一，深入挖掘非遗文化的历史文化内涵。对区域范围内的非遗文化要注意历史性、地方性和特色性，要挖掘非遗文化的文化符号、形式、实物和场所，找到非遗文化根植的价值观念及核心思维。

第二，通过创新增强非遗文化的旅游活力，使传统的非遗文化与现在生活发生碰撞或共鸣，满足游客求新求异的体验需求。

第三，建立合理的利益分配机制和传承机制。充分考虑非遗文化传承人的生活生产需求，通过合理的利益分配和传承机制，促进非遗文化与旅游的持续推进。

二、非遗文化的文旅资源开发措施

(一) 非遗文化的文旅资源开发原则

1. 原真性发展原则

非遗文化保护与开发过程中必须坚持原真性发展原则,保护非遗文化的历史文化价值与独特内涵。在利用现代技术手段进行非遗文化开发中,必须注重原真性,要杜绝"伪民俗""伪遗产"等现象的出现。以瓯绣工艺为例,其独特的历史人文价值是在手工古法下形成的,如果用现代刺绣机械替代人工进行全部的步骤,将使其丧失独特的文化价值。坚持原真性的发展原则,就是坚持保留其原有内涵。值得注意的是在对非遗文化旅游产品的设计中同样要遵循本真性原则,进而使得产品内涵同文化内涵趋于一致。

2. 融合发展的原则

非遗文化保护和发展要紧跟时代,在尊重历史性和传统性的同时,要善于利用新技术,积极创新新机制。融合发展的关键在于多元素融合。将非遗文化保护与旅游产业开发相融合,才能获得非遗文化传承的经济基础、文化动力。同时,要注重将非遗文化保护与网络科技相融合,将虚拟现实技术应用到非遗文化展示当中,营造非遗文化创作环境,让游客参与非遗文化创作过程,给游客带来更好旅游体验。

3. 可持续发展原则

运用文旅融合理念进行非遗文化开发,必须坚持可持续发展的原则。不同于其他产业,非遗文化旅游产品开发过程中,由于非遗文化的脆弱性,如果不坚持对于非遗文化内涵的保护,必然会导致其受损,难以修复。以瓯绣为例,作为温州市刺绣技艺的重要代表,其传统技艺是历史文化的重要体现。因此,在区域历史文化街区改造过程中,对于非遗文化旅游资源的开发,必须坚持可持续发展的原则,进行适度开发,通过非遗文化旅游产品,满足游客的精神文化需求,在提升游客的旅游体验的同时,给非遗文化项目带来经济来源,促进非遗文化的传承与发展。

(二) 非遗文化的文旅资源开发对策

1. 深入挖掘非遗文化旅游资源,丰富历史文化街区

坚持保护在先,夯实非遗文化资源基础。历史文化街区改造与旅游开发要注重保护"原真性"和"场所精神"。真实性是历史文化街区改造的目标,也是旅游开发的立足点

和竞争力。在进行历史文化街区非遗文化旅游资源保护与开发时,要把真实性原则一以贯之,而其真实性原则体现在两个方面。

(1) 非遗文化的"原真性"。历史文化街区的更新改造,必须建立在对于非遗文化技艺、人文环境的保护的前提下进行,需要进一步改善强化非遗文化的整体"原真性"。

(2) 非遗文化的"场所精神",即历史文化街区改造开发不仅仅局限于历史建筑、历史物品、形态风貌等物质形态,也要对建筑文化、民俗活动、原住民生活方式等呈现文化内涵和精神世界的要素进行保护,使历史文化街区整体精神风貌和历史文脉能得以传承发扬。①做好非遗文化的评估和甄别工作,对那些濒危的珍贵遗产应列为优先抢救和保护的对象,对已列入各级名录的文化遗产应通过文字、图像等手段进行真实、全面、系统的记录。②建立健全传承人保护制度。加大资金投入,兴建传习场所,扩大传承人范围。

2. 丰富传承载体优化体验,促进文旅融合产业升级

全面提升"传统技艺和创新创造相融"的非遗文化传播载体。将传统非遗文化技艺与现代旅游相结合,与当代技术相融合,打通"古""今"壁垒,使非遗文化旅游更具吸引力。

(1) 在传承方式上加强创新。从师徒相传、家庭作坊式的传承方式,转变为更高效的现代文化传播模式,如成立个人工作室进行教学、展演等,与高校建立长期合作,提升技艺技法专业化,由政府部门通过授予荣誉称号、明确扶持政策、建立人才库等,壮大人员队伍。

(2) 在宣传方式上加强创新。利用好新媒体新媒介,建立非遗文化专场直播间,加强互动宣传,拍摄适合主流平台传播的非遗文化短视频,拓宽宣传渠道。

(3) 在产品形式上加强创新。将传统技艺与现代元素结合,打造符合现代审美、适宜现代生活需求的非遗文旅产品。

(4) 持续打造"非遗+文创"的产业化平台。通过构建完善文化产业生态链系统,集聚非遗文化传承人、创意设计、动漫设计等人才,以全产业链式集设计、包装、渠道、营销、推广、资本运作、与业管理为一体的运营管理品牌,促进区域文创消费。鼓励各非遗文化保护单位进行"非遗+文创"的产业化发展,出台政府扶持奖励政策,聚焦各类非遗文化项目打造文创品牌。

开发地域民俗风情旅游线路。围绕非遗旅游资源分布和不同类别,开发美食、建筑、工艺、曲艺等不同主题的民俗旅游线路。

3. 整合力量社会参与,实现活态传承提档赋能

(1) 激发社会力量。政府要构建民众参与传承保护非遗文化的制度办法,完善社会参与机制路径，实现政府、社会、民众的多方联动。比如推动非遗文化进社区活动，通过民众参与非遗文化、了解非遗文化，为非遗文化发展获得坚实的群众基础。鼓励民间力量参与非遗文化保护，鼓励设立非遗文化保护基金，对于濒临消失的非遗文化进行保护。同时，鼓励民众建立非遗文化保护组织，通过志愿活动宣传非遗文化、传承非遗文化，增添社会力量对文化遗产的保护和传承。充分发挥民间力量和作用，形成政府主导、社会参与和多方支持的富有特色的保护和传承格局。

（2）培育宣传队伍。逐步壮大"爱非遗文化、能说课、会指导"专项志愿者队伍。以社区（村）为重点，企业、学校、景区等为延伸，进一步挖掘在地志愿者力量，健全"专项志愿者等级认证制度"，保障志愿者非遗文化传播能力，志愿者专项水平质量。通过新增定向委培专项服务志愿者、社会招募专项服务志愿者扩大志愿者队伍，集合志愿者专项水平初级认证提升志愿者专业水平。同时，面向旅行社的导游，开展非遗文化志愿者的培养，把作为非遗文化项目的体验者，在全区的景区开展非遗文化体验活动，起到更好的对外宣传效果。

（3）建设非遗文化阵地。建立打造传承人技艺的"百工一条街"，集合区域非遗文化项目，通过场景还原的形式串联起各个非遗文化项目，整合成为集中的非遗文化旅游新景点，提供沉浸式的行、玩、看、学、吃全方位的非遗文化旅游新体验。面向学生开设"非遗文化学堂"，开发"非遗文化研学"旅游项目，让孩子感受传统技艺的精巧，学习工匠精神。深化"非遗文化进校园"系列项目，紧密与学校合作，加强未成年人对非遗文化的兴趣和了解。通过政策扶持和引导，鼓励本土旅行社推出非遗文化项目旅游产品，根据目标市场进行个性化体验设计，树立旅游商品的品牌形象、依托地域文化提高旅游体验质量，逐渐促进非遗文化旅游趋于成熟。

第三节 非遗文化的文创产品设计

一、文创赋能文旅发展的意义

（一）有利于提升文旅内涵

文化是旅游的灵魂，文化元素的深度挖掘和有效利用是促进旅游产业转型升级的关键所在。文化可以丰富产品的内涵和形式，提升产品的附加值，使其价值倍增。如通过创意和设计给旅游纪念品注入美感、情感、理念等文创元素，融入文化价值迎合消费心理需求，使消费者在关注其文化内涵和人文特征时唤起购买欲望。

文创融入旅游要素，能使旅游产品品质得到提升，并作为核心资源整合资本、科技等其他要素，共同形成新的文旅产品；能突破以往文旅资源经营管理方式，对文旅资源的形式、内容和业态等进行创新，实现从"制造"向"创造"升级；能对文化资源进行再利用和对其价值进行再挖掘，拓展文化资源的利用方式和渠道，把潜在的文化资源转化为文化资本。通过文创的提升，我国丰富多样的文化资源能够在继承和创新中实现价值的最大化。

（二）有利于平衡文旅区域差异

在我国改革开放进程中，区域文化发展格局整体呈现东部领先、中部追赶、西部快跑的梯度发展态势，这种态势与区域经济发展水平有着明显的关联。可以预见的是，在今后很长一段时间内，东部地区仍将引领我国文化产业发展，并在宣介、展览、演艺、数字内容等环节形成较大的比较优势。但是，中西部地区的文旅拥有显著地域特色的文化资源和民族风情，这是中西部地区文旅的重要优势。这些地区可以依托文创，深入挖掘特色文化资源，推动文化与旅游产业深度融合，以此为突破口加速该地区文旅的发展，推动当地经济社会发展，缩小与东部发达地区的差距。

（三）有利于拓展文旅产业外延

文创可以改变旅游产业发展过度依赖资源甚至消耗资源的局面，以低消耗、低污染、重创意、重智慧的特点寻求实现旅游产业良性循环的有效途径，使其真正转型为资源节约、环境友好的低碳绿色产业。

文创对旅游产业的影响，本质上就是价值链的渗透、辐射和延伸，促使旅游价值链增值。文创能够从更广阔的范围和更高的层次挖掘、整合、利用旅游资源，创新性整合优化旅游产品的内容、功能、结构和形态，提高旅游产品附加值。创意的价值体现为更好、更快地推动文旅产业发展，各种有形和无形的资源都可以通过文创转化为新型的旅游产品和服务，拓展文旅产业外延，实现资源的可持续利用，推动旅游产业可持续发展。

（四）有利于催生文旅融合

当今时代，文化、技术与艺术创意的融合不断催生新的文化产业业态。文创打破了文化与其他产业之间的界限，不同行业、不同领域之间跨界合作成为一种趋势。文创新颖多样的创新发展模式，对传统产业特别是旅游产业发展思路的转变有积极意义，能够为旅游产业发展注入了新的发展动力。如以文创为纽带，可催生工业旅游、文化特色小镇、博物馆等特色产业集群，使旅游产业的范围拓宽，全域旅游成为可能。文创还能将旅游产业与其他产业有机融合，将不同产业的人、财、物融合渗透在整个产业链中，形成共荣共生的局面。

（五）有利于促进文旅消费

为了满足不同的消费需求，多样化的文旅产品和服务定制成为必然，倒逼文旅产业进行更新调整。文旅企业可以通过导入文创向旅客源源不断地提供多样化、个性化、高品质的文旅产品，以满足市场需求的变化，实现价值变现。特别是文创的创新方式、创新手段不断发展，视角、触角不断扩张及重心下移，不仅丰富了文旅的服务内容，拓展了文旅消费的载体，还有效提高了文旅的服务质量，激发了更强大的文化消费力量，从而进一步激发市场活力，满足人民对美好生活的需求。

二、非遗文创产品设计的原则与模式

（一）非遗文创产品设计原则

在非遗文化传播中，文创产品缩短了大众和非遗文化的距离，潜移默化中转变了用户对于非遗文化的态度，古老的文化不再束之高阁。非遗文创产品可以成为非遗文化传播的载体，原因在于文创产品可以为用户所接受，能够激发出用户的购买意愿并付诸行动，最终提升用户的感受体验。因此，通过研究用户购买文创产品的相关行为，反向推导非遗文创的设计要求。

1. 立足当下

对非遗文创的要求是多方面的，集中表现在文化因素、实用因素以及娱乐因素。非遗文创产品中体现的文化因子是非遗文创的核心，当下科技对各行业产生了深远的影响，因此非遗文创设计可以借助科技的力量，赋予产品新价值、新思路。与此同时，非遗文创设计要突显精神价值，传承与发扬优秀的文化。

非遗文创归根结底仍是一种产品活动，无法避免需要有实用性，以此满足用户的物质使用需求和精神需求。因而，非遗文创一方面结合人们的日用品，增加用户的便捷性，体现出非遗文化产品的生活化；另一方面，非遗文创需要使产品和用户形成互动联系，以现代方式表达情感体验，激发用户的精神情感共鸣，当人们的基础需求得到了满足，就会追求更高层次的精神满足。

网络给予非遗文化全新的传播方式,非遗文创的形式不再局限于传统的现实产品,虚拟化作品的受众逐年增加,因此,非遗文创设计可以借助互联网的力量,以短视频的方式传播非遗文化,展现相关文创产品的制作流程,与此同时,虚拟促进技术的发展,或许仅需一副相关眼镜就可以带给用户沉浸式体验。

2. 本真传承

文化是非遗文创的核心,是传承、传播非遗文化的基础准则。因此,文创产品的设计需要以非遗文化本真为依据,展现非遗文化的文化意蕴。非遗文化的本真也就是非遗文化的真实性、寓意性和完整性,发挥着甄别非遗文化种类,评价非遗文化变化程度的作用,同时非遗文化本真也代表着转变、改造文化的同时保持一定的限度。

(1)非遗文创作为非遗文化传播的有效途径,其本真就是在产品中保障文化的完整度。文化的整体包含多种文化要素,以手工类非遗为例,它的文化整体一方面包括了工艺流程、造型塑造、色彩搭配等众多文化要素;另一方面,文化整体依托了文化诞生的环境和人文生态,所以非遗文创设计需要融合非遗文化的自然资源和风土人情。

(2)非遗文创是指富含创意的文化产品,目的是让用户感受非遗文化的魅力所在,因此相关文创需要将真实的非遗文化展示于用户。这种真实性不是囫囵吞枣式的展现,而是深层次认同非遗文化,真正的非遗文化既有阳春白雪式的高雅,也似下里巴人的通俗。因此,非遗文创设计既不能纯粹地追求高雅,导致用户逐渐远离非遗文化;也不能单纯为了提高知名度而低俗。

(3)非遗文化是古人智慧的结晶,蕴含了古人对美好生活的向往,非遗文创是非遗文化的具象映射,因此产品不是单纯的元素叠加,其中蕴藏着深厚的寓意。因此,在进行文创设计时,应该预先理解非遗文化中的文化表意,萃取文化基因,强调文化内蕴,将抽象的文化概念转变为具象的、可视的物品。

3. 系统遵循

非遗文创产品作为非遗文化传播的重要组成部分,虽然区别于普通产品,但也存在着完整的产品系统,需要满足系统需求,遵循系统规律。因此,非遗文创承担着帮助用户感知非遗文化本真,塑造非遗文化吸引力,非遗文化时代创新的责任。

非遗文创帮助用户感知非遗文化本真,自身需要扎根于人民,成为人民生活的一部分,是社会实践的外在表现。非遗文化本真感知通常和人民的风俗习惯相关,因此,非遗文创设计时需要因地制宜,充分考虑环境因素,其中包括历史、人文等。同时,政府的正确辅助,也是至关重要的一环,充分尊重用户的选择和需求,获得广泛认同。

(二) 非遗文创产品设计模式

1. 在地化设计模式

"在地"的"在"表示存在的状态和行为的发生,"地"表示地域、地方、地点的结合,还表示依附在土地上的自然地理概念、空间环境概念、人文传统概念及社会生活概念。近年来,"本土化、特色化"的在地化设计理念在建筑设计、产品包装、文化创意等领域备受推崇。在设计方面,"在地"创作思维引导设计者更加深入地走进当地场域环境,真切感受、捕捉、调动场地内的特质元素,并在设计作品中给予反馈。从这一角度来看,在地化设计是充分发掘地方环境的人文特征,通过设计语言表达出来,使地方特征与设计紧密联系,融为一体。在地化设计充分考虑人本的实际需求,具备创新意识,能有效推动在地项目的可持续发展。

(1) 在地化设计与非遗文创产品设计的耦合性。非遗文创产品设计注重社会环境的融合、传统文化的表达、消费群体的需求以及时代理念的体现。因此,在地化设计的理念同样适用于非遗文创产品设计。

在地化设计以物理场域为研究对象,关注乡村空间与环境、人与环境的关系,讲究设计与整体环境的合理协调。非遗文化是传统乡土文化的重要组成部分,与其坐落的土地和空间环境有着千丝万缕的联系,对非遗文创产品的在地化设计不仅仅是对非遗文化的简单描摹与改造,而需要从地域场景整体出发,整合在地化资源,进行深入调研和分析,形成融乡村社会、地理环境、人文艺术、民风民俗于一体的设计思路,创建非遗文创产品的在地化应用场景。

在地化设计以文化要素为关注重点,强调地域文化的共同记忆与价值认同。同样,非遗文创产品设计,即需要考虑传统乡土文化与现代艺术设计理念的融合,展现与地域文化相联系的独特性,使产品不仅具有地方特色,还具有新颖的艺术性和国际竞争力。

在地化设计遵循以人为本的原则。非遗文创产品涉及受众群体和生产群体,既要考虑消费群体的实际需求,又要鼓励当地居民、政府、开发商等相关利益主体参与产品设计,达到非遗文创产品可持续发展的基本要求。

在地化设计强调结合时代情景,赋予设计崭新的生命力。在地化设计的发展思路并非只是对非遗文化的固守与保存,而是要适应当代内外部社会环境变化的要求,与乡村旅游深度结合,开发IP系列文创产品,打造具有当地特色的文创品牌,以期达到非遗文创产品设计同现代生活方式、文化娱乐方式、大众消费理念完美结合的目的。

（2）非遗文创产品在地化设计策略。

第一，文化资源的在地整合。在地化设计基于乡村原生地域空间，深度挖掘非遗文化资源，从而丰富非遗文创产品的地域属性与文化价值，实现地域、资源、产品三者有机融合。

植根原生地域场景，突出非遗文化的传承性。在地化强调与地域场景的和谐关系，对场地中的原生元素应给予尊重与利用。在非遗文创产品的设计过程中根植地域文化，具体包括历史遗迹、建筑风格、历史人物、社会习俗及文化形态等元素。考虑如何将非遗文化与乡村的古遗迹、古建筑、自然景观等地域文化相结合，使二者之间具有良好的适切性，一方面实现了场景的在地；另一方面也体现了非遗文化自身的在地。可行的设计方法如：依托非遗文化的表现形式，以当地代表性的遗迹、建筑、人物等相关场景为辅助性元素，对非遗文化如工具、实物、工艺品运用形象模仿、色彩提取、特性引用、纹样运用等设计方法，最终创作出功能性产品或者装饰性产品。

提高乡村文化意蕴表达，发掘非遗文化的差异性。非遗文化在地化的设计思想强调对乡村文化的意蕴表达，以体现非遗文化的差异性。①深入了解不同地域的非遗文化背后所蕴含的历史故事，通过查阅地方县志、走访调查等方法，扎实做到文化内涵的在地表达，并以视觉化的手段将文化元素展现出来，以体现非遗文创产品独特的地域风格与文化内涵。②注重提取非遗文化代表性文化符号，以色彩、图案、纹样等视觉元素体现在文创产品上，使其更具辨识度。以花瑶挑花和黄梅挑花为例，这两种挑花源自不同地区不同民族，发源时代和文化内涵也不相同，因此创作出的文创产品在图案、纹样、用途等方面呈现出鲜明的地域差异性。

第二，产品设计的在地创新。在地化设计应与当地的传统文化结合，体现地域性，同时也应具备创新意识，对外来文化和现代技术保持开放和接纳的态度。

为了适应快速发展的时代环境，非遗文创产品在地化设计需要探索民俗工艺与现代技术融合的新路径，在保留核心工艺的基础上，使用现代生产技术从产品的材料、造型、色彩、制作过程等方面进行在地调整，实现非遗文创产品传统与现代的良性互动。

非遗文创产品的在地化设计在考虑产品本身的传统功能的基础上，也要注重现代功能的延伸拓展。特别要注意对于以民间文学、音乐、表演类等非遗文化为资源的文创产品，在保留审美功能的同时也要兼顾实用功能，研发生活装饰品、文化用品、工艺礼品等文创产品，让非遗文化发挥价值，回归现代生活，为大众所用，这样不仅增强了消费者的文化体验，同时也为非遗文化开辟了新的活化路径。

第三，民众需求的在地关怀。在地化不仅要关注所在的"地"，还要关注生活在土地上的"人",以人的实际需求作为非遗文创产品设计的重点。因此,在地化设计首先需要做好市场调查工作,考虑文创产品的受众群体,精准细分用户特征。

非遗文化的实际价值主要体现在非遗文化与人之间的互动关系中,只有不断维持非遗文化与人的生产、生活之间的联系,建立起他们之间的"共生"关系,才能真正实现非遗文化的传承与发展。非遗文创产品在进入市场前,会涉及包括社区及社区居民、传承人、政府、开发商等利益主体。在这些主体中,社区及社区居民是非遗文化传承之根本,传承人是传承之关键,直接参与非遗文化传承,同时也是最了解非遗文化的个人或团体。政府是特殊的利益相关者,在非遗文化保护开发中提供良好的法律、政策等制度环境。开发商是对非遗文化相关工作进行投资的主体,他们注重非遗文化的经济价值与旅游价值。

2. 以符号传播为中心模式

非遗文化的设计创作是向用户传递非遗文化信息,使用户感受非遗文化,而符号是传递信息的有效方式,因此以符号形式展开设计表达,则会灵活多变并且十分便利。符号具有显性和隐性的语义,非遗文创的显性语义是指产品的图纹和色彩,隐性语义则蕴含了人们的美好意愿。因此,非遗文创设计需要提取非遗文化的符号,直观或隐喻地传递非遗文化信息。

(1)色彩符号提取。产品的外观是美的,这种美是建立在用户对于美的欣赏和追求的基础上,直观的色彩显性语义可以为用户提供视觉感受,进而引起用户的注意力,满足其对美学的需求,以此迎合市场需求。

(2)图案符号提取。图案是经典而又简练的符号,适宜的图案带给用户不同的寓意,用户根据自己对图案的理解,逐渐形成自身的图案符号认知,最终引发购买欲,同时,图案也具有指示的作用,帮助用户理解产品的性能,以便帮助用户毫无顾虑地操作产品,增加产品使用的便捷性。

3. 以用户参与为中心模式

以用户参与为中心的设计,设计师不再是设计的唯一工作者,用户也参与设计活动,将实现用户的最终利益视为最终目的,充分考虑到用户的感受。设计是互相交流、充分探讨的过程,用户的满意度大幅提升。

(1)用户分型。非遗文创与常规产品相比附加了一层文化属性。因此,设计师需要对用户进行分类甄别,划分不同的用户群体,设计多种样式和类型的产品,满足不同的需求。以年轻人为例,他们对非遗文化有独到的见解,出于对文化的尊重通常付诸行动,也追求新颖、独特的事物,因而针对年轻人的产品需要做到个性化,也可以依据年轻人的爱好，独特定制。

（2）精神移植。非遗文创移植进用户的精神，帮助用户充分发挥自身的想法，表达自己情绪感觉，满足用户自我认定、自我欣赏的需求。正如达·芬奇的著作《蒙娜丽莎》，人们对于它的探讨从未停止，简单的微笑，便可以让欣赏者感受到人性的光辉，原因在于为用户留下了自我发挥的空间，每人都可以表达自己的观点。用户选择非遗文创产品，通常是因为产品的文化形象符合自己的精神感受，换言之，用户的抉择是精神表达。

三、非遗文化的文创产品设计实践

"在全球文化的飞速发展过程中，区域文化的发展受到一定程度上的影响，利用具有地方特色的历史文化遗产成为相关设计的重要灵感。"① 因此，下面以黎川舞白狮、海南黎族树皮布为例，论述非遗文化的文创产品设计实践。

（一）黎川舞白狮的文创产品设计

舞白狮是抚州市黎川县日峰镇下桥村历史悠久，传承保存完好一种民间灯彩表演，在2014年被列为全国第四批国家级非物质文化遗产项目。舞白狮的历史最早可以追溯到元朝。

黎川舞白狮非遗文创设计实践如下。

1. 黎川舞白狮形象设计

（1）白狮头部设计。黎川舞白狮经过历史的发展演化，逐渐呈现出传统与新式两种白狮的外观形态。传统造型的白狮狮身骨架由手工艺人使用宽竹篾编成中空圆柱形，再用篾绳连接，骨架极具弹性，可灵活舞动。狮头中空，搭建竹片骨架后外敷纸片和布料，用于存放狮灯。白狮头部和腹部竹篾扎制连接上弯曲可动的狮腿，活动起来酷似狮子行走。新式白狮在吸取了北狮风格的同时也保留了自身的特征，头部比例相较于北狮更为夸张，耳朵的纵向比例也要长于北狮，狮头的吻部更加突出，头顶的是绣球，最为重要的是新式白狮的原材料依然保留了竹篾扎制的传统，这也是与南狮和北狮的一大区别之处。在装饰的运用上，狮头部分主要使用金色条纹布片沿着狮头和狮嘴的结构边缘围绕一圈贴布，贴布上有传统装饰纹样中的缠枝纹点缀。面部大面积的红色贴布上粘有红色亮片，在光照下会产生不同的折射效果。狮头的八字眉变成了立体的宽眉毛，包裹住眼球的上半部分，耳朵和尾巴处也添加了盖状装饰物。

---

① 谢琳，王茂敏. 扬州非遗文化在文创产品设计中的应用研究［J］. 美术教育研究，2021，（20）：86-87.

（2）白狮形象设计。对于舞白狮形象的再设计，直接提取白狮的具象外形元素，将狮头作为整体的视觉中心。

在"五官"的打造上，白狮的原型拥有一对大而突出的眼睛，在把眼睛设计成大而有神的圆形眼珠，瞳孔的位置不是死板地固定在眼球的中央，而是设计成位于眼球的上下左右各个角落，营造出四处张望的感觉，灵动的眼神能够给整体表情带来不一样的神韵。嘴巴绘制成上扬的笑容形态，表情憨态可掬。白狮的耳朵是其具有辨识度的特征之一，因此在设计中保留了白狮原型在舞动过程中飞扬的大耳朵，用条纹的线条模拟棉线材质的毛流感。

在配饰部分提取了原型耳朵上方和尾巴上方的盖状装饰和纹饰，头部眉毛中间的火苗状装饰图形和头顶的绣球装饰，将图形简化归纳，主要使用无棱角的圆形椭圆形进行概括。线条风格整齐干净，具有对称性。

色彩是构成画面精神内涵和情感表达的重要艺术组成部分。白狮的色彩第一眼带来的印象就是红白的强烈对比，白色也是黎川舞白狮区别于其他地区舞狮的最大特点。红色自古以来在中国传统文化中就包含了人们对于吉祥和喜庆的期盼祝愿。在色彩的互补原则中，红色与青色互补，蓝色与黄色互补，蓝色和青色的加入可以中和大面积暖色调在心理上给人的火热感，小面积的冷色运用没有影响整体画面的和谐统一，还增加了不一样的视觉冲击力。所有的色彩使用都没有过于高饱和，而是加入了一定的灰度，不易造成观看上的视觉疲劳，同时也更加符合现代人的审美。

（3）舞白狮形象和中国传统纹样的结合设计。将传统纹样和舞白狮进行结合设计，设计了"狮王送瑞"系列共"财""吉""福"三款舞白狮香囊平安符。香囊平安符类产品的消费点在于消费者对于平安吉祥的向往，日常使用时能够给消费者传播"吉祥""财富""福气"的寓意。在日常使用中可以作为包挂、车挂和钥匙扣使用，也可作为赠送给亲友的伴手礼，饱含了一份心意。

2. 舞狮人形象设计延伸

舞白狮活动通常由掌珠人召集和主持，狮队由20余人组成。舞白狮的基本舞蹈动作[1]有：小跑转球、狮子滚球、扫珠脚球、并头戏球、双狮抢球、矮桩、对头轮转、狮子舔毛、狮子扑球、狮子瘙痒、狮子抖毛等。通过动作的行为语言特征可以分为三个类型：①以狮珠绣球作为引导，让白狮中的舞狮艺人跟随狮珠互动作出一系列动作。②舞狮艺人的技术性动作表演。③舞狮艺人控制白狮学习自然界中的真狮的行为动作作出的生动模仿表

---

[1] 王炬平. 新时代下传统舞白狮舞的传承发展问题探讨[J]. 文艺生活·下旬刊, 2021, (12): 152-153.

演。舞白狮舞蹈具有很高的视觉观赏性和审美艺术价值。在进行舞白狮文创研究时也要将舞狮的舞蹈动作特征进行提炼转化运用到设计当中。

在设计舞狮人的形象时，风格要与白狮形象设计相统一，人物的造型设计需要有一定的性格和亲和力。心理研究表明，胖胖的形象给人带来的第一印象是善良、憨厚和宽容的情感印象，圆润鼓鼓的脸颊和粗黑的眉毛都能给人亲切的好感。把五官进行简化，眼睛概括为逗号形状的弧线，忽略鼻子的塑造，嘴巴缩小贴近眼睛位置，缩近五官之间的距离，突出脸部的面积。在脸颊位置增加大面积的圆形腮红，既具有中国传统吉祥童子的面部特征，又给人以可爱憨厚的视觉感受，形象更加立体饱满。将头身比设计成约 1∶1.5 的比例，更能凸显出卡通风格的可爱要素。

舞狮人的动作设计最重要的目的在于对舞狮动作的设计概括。舞白狮这一非遗文化是白狮、舞狮人和舞蹈动作三者的有机合一，生动表现舞白狮的经典动作能够有效传播舞狮文化精髓，引起更多人的共鸣。不同状态的踢腿动作配合握拳或比耶的手部动作，具有动态感的同时还增添了整体趣味性，生动再现了传统舞狮艺术的魅力，有利于非遗文化的传播。

舞狮人的传统服饰是黄马褂与黄色灯笼裤，点缀红色的装饰线条。在服装色彩的运用上直接提取了服饰的代表色：黄色和红色。由于白狮的形象设计以暖色调为主，为了色彩上的呼应和统一，将黄马褂的黄色向暖色系偏向，介于黄色与橙色之间。舞狮人的鞋子小面积地选用了湖蓝色，增加画面层次感同时也做到了冷暖的对比。狮珠绣球的色彩吸取了白狮的绣球装饰色，同样也加入了蓝色辅助色进行中和。

舞狮人和白狮之间同样也需要设计互动与联系。舞狮活动的观赏性主要在于舞狮人展现技巧的同时，运用艺术手法将舞狮动作、道具、服饰、音乐等元素融合在一起综合呈现。其中，动作、道具和服饰是最为直观的视觉体验。将三者结合设计，并运用设计手法进行夸张和概括。白狮和舞狮人之间不只是传统的舞狮动作互动，还加入了例如白狮咬头、舞狮人俏皮趴在狮背上的有趣场景。此时的白狮不像是一件表演道具，而是赋予了它生命和性格，像是舞狮人的亲密伙伴，让画面具有一定故事性。让舞白狮和舞狮人的形象既具有非遗文化悠久的底蕴，同时还有时尚潮流的风格，更被现代大众所接受，易于传播推广。

（二）海南黎族树皮布非遗文创产品设计

树皮布是指以植物树皮为原料经过一系列特殊处理的无纺布料，也称塌布、纳布等。2005 年，"黎族树皮布制作技艺"被海南省政府公布为海南省第一批非遗文化代表作保护名录,并于2006年经国务院批准列入第一批国家级非遗文化保护名录,申报地区是海南保亭黎族苗族自治县。

1. 海南黎族树皮布非遗文创产品设计的意义

树皮布在人类文化发展历史上有着不可替代的特殊地位。文创产品的设计开发,是树皮布脱去博物馆保护外衣的另一种延伸并面向更广人群和空间的文化传播。这可让树皮衣走出博物馆的橱窗,将珍贵的树皮布物尽其用,发挥其最大价值。因此,利用这一濒危的独特传统技艺制作的树皮布开发文创产品意义重大,不仅可以合理利用稀有的树皮布,挖掘其潜在可能,发挥其最大价值,而且可以拓宽其销售渠道,远销世界各地,扩大树皮布文化的传播力,让大众熟知无纺时期的这项技艺,有力地促进其传承、保护和发展。

2. 海南黎族树皮布非遗文创产品设计的原则

(1) 立足于文化的共情设计。文创产品的核心是传递文化和同构情感,本质是传达产品所蕴含的意义,引起用户共鸣。它区别于一般旅游工艺品的最大特点就是取材于文化,其开发目的即对所承载的文化进行保护、传播和推广,在满足广泛受众的需求之上寻求文化认同。

海南黎族树皮布不仅承载着特殊的物质和精神文化,为人类历史发展贡献了重要的社会文化意义,其制作技艺也为人类服饰制作提供了基础理念和制作方式。同时,树皮布有着一种特殊的审美象征,是古时黎民追求原始美感和天人合一的造物思想的独有表现。自然美是其最重要的审美特点。因此,在进行相关文创产品开发时,要重视树皮布所蕴含的文化内涵、审美意义和传承意义。

(2) 体现地域特色的差异化设计。海南作为一个远离中原的海岛大省,地处热带北缘,属热带季风气候,是中国唯一的黎族聚集地。而黎族也是最早生活在海南岛上的少数民族。经过历史年轮的不断洗礼,逐步构建了有别于中国内陆的生活环境、生活方式、语言习惯、人文气息和思想信仰等,有着自身鲜明的地域特征。在进行相关文创产品开发时,应充分考虑海南地域特征,挖掘文化符号,形成独具特色的差异化设计,高效实现文创产品的意义和价值。因此,将树皮布文创产品立足于旅游文创产品,是一个值得尝试的方向。借助良好的旅游环境,更好地向外界推广和展示。而作为旅游文创产品,必须时刻关注其便利性和功能性,这便是文创产品作为产品所要体现的实用价值和日常化属性。

(3) 基于非遗文化特殊性的创新设计。海南黎族树皮布非遗文化的特殊性,主要表现在面料材质和制作技艺方面。第一,树皮布作为一种有别于一般纺织材料的特殊服装面料,因其原始性表现出粗犷大气、淳朴沉稳的特点,已不适合制作现代服装供人们穿着。

第二，树皮布的制作技艺，工序繁多，较为特殊，缝合方式上有一定的讲究。同时，又因相关树木的稀缺，使得树皮布格外珍贵，制作时需要格外小心。因此，要充分考虑树皮布的特殊性和设计难点，结合现代的艺术手法，取长补短、破旧立新，基于传统又跳脱传统，让产品以新形式构建文化创意，实现形与意的融合设计，从而驱动消费需求，真正做到物尽其用，发挥最大价值。

3. 海南黎族树皮布非遗文创产品设计实践

（1）设计目的。本着遵循非遗文创产品开发的设计原则，考虑树皮布的文化性、特殊性和海南的地域特色，所开发的产品为旅游文创产品。为了能起到良好的宣传作用，产品以文具类为主，如笔筒、笔插、名片架、笔记本、杯垫、挂件、团扇等。可用于日常办公（包括海南博物馆办公及展出）及文创爱好者收藏等。旨在更有效地推广和宣传树皮布文化，让更多人认识到其文化价值、历史意义及传承价值。

（2）设计理念。以"黎树还淳"为设计主题，主要面向崇尚自然、环保、健康的生活理念，热爱传统文化、热爱艺术的人群。汲取树皮布自然美这一重要的审美特征，采用低饱和度柔和色调诠释主题系列。最终通过数码印技术和高清透明滴胶等现代技术的运用，结合平面插画、树皮布、干植等装饰，共同协作完成兼具实用和观赏价值并能永久保存收藏的旅游文创产品。

（3）设计方法。非遗文创产品开发是针对具体的非遗文化进行量身定做。基于对海南黎族树皮布的特性分析，通过设计实践总结出以下设计方法。

第一，提炼具有地域特色的图案造型。树皮布这种非常规、非现代的面料进行创新设计，既要体现其服饰用途，又不能实际用于真人穿戴，那么必然需要找到可依托的载体。在树皮布文创产品的设计中，是以具有人物动态的平面插画为载体的。而只有结合海南当地环境、民族特色、人们生活内容和习性等地域性特征，进行情景化的插画设计，才能让缩小版人物表现更生动有趣。

第二，保存传统技艺或面料的使用。采用制作树皮衣剩下的边角料，根据大小形状色泽等分类好，修整成合适的衣片形状黏合在插画上。同时，将树皮布内层的树皮纤维处理后，用手工捻成线，再将树皮线做成流苏并串上木珠，作为部分挂件工艺品的装饰。这不仅保留了传统树皮布面料的使用，也合理地对边角料进行可持续再利用，与树皮布原始、自然、淳朴、环保的审美理念不谋而合。

第三，结合现代技术的创新设计。文创产品要吸引消费者购买，必须有别于传统工艺品，不仅要继承传统，还要积极运用现代技术进行创新设计，使传统与现代审美相融合，符合现代生活需求。采用了数码印刷技术将图案转印到白色帆布上，并用文艺范的干植作局部装饰,丰富整体的层次感,再用高清透明滴胶将制作好的场景插画封胶在相应的模具里,静置到凝固;最终完成主题概念下一系列的树皮布文创产品开发。其中,滴胶的使用不仅更好地促成产品的实用性和观赏性,而且还对易腐的树皮布起到真空保护作用。

海南黎族树皮布及其制作技艺,是黎族人民劳动成果的精华,有着千年的深厚历史文化积淀,所蕴含的黎族丰富服饰文化内涵及在人类发展过程中的历史地位,值得被铭记和传承,并与时俱进地得到发展。树皮布文创产品的创新开发,不仅对这一濒临绝迹的古老技艺进行保护传承,而且在某种程度上避免了其消逝于人类历史长河中,同时也得以让人们窥见当时黎族社会的独特生存与生活价值观念,促进树皮布所承载的物质和精神文化更快速地传播于现代社会的生活中,使人们对其有全新的认知和更深刻的理解。对黎族树皮布的创新开发和推广是具有时代意义的,在设计理念和设计方法上,值得广大学者进一步更为深入探究和实践。

第四节 非遗文化的品牌化建设

品牌化建设是一种市场营销策略,通过塑造和推广品牌形象,提升产品或服务的认知度、美誉度和价值,从而吸引更多消费者或受众,进而带来商业价值和社会影响。非遗文化的品牌化建设是将传统的非物质文化遗产转化为现代社会所认可和喜爱的品牌形象和价值符号的过程。

一、非遗文化品牌化建设的意义

第一,传承保护非遗文化。非遗文化品牌化使传统技艺和文化得以延续传承。通过商业化运作,可以吸引更多的关注和资源,为传承人提供更好的生活条件,激励他们继续传承和发展非遗文化。

第二,拓展非遗文化市场。将非遗文化打造成品牌,可以使其在市场中拥有更强的竞争力和影响力。这样可以吸引更多的消费者,推动非遗文化产品的销售,进而带动相关产业的繁荣发展。

第三,促进地方经济发展。许多非遗文化都与特定地域紧密相关,通过品牌化建设,可以将非遗文化作为地方特色产业进行推广,吸引游客和投资者,推动当地旅游业和文化产业的发展,促进地方经济的增长。

第四,增强文化软实力。非遗文化品牌化使传统文化更易被国内外认知和接受。通过对外推广，可以提高国家的文化软实力，增进国际的文化交流与合作。

第五，培育文化自信。非遗文化品牌化让人们对自己的文化传统更加自信，认识到传统文化的价值和独特性。这种文化自信对于个体和整个社会的自我认同和凝聚力有着积极的影响。

第六，保护生态环境。许多非遗文化与环境保护紧密相关，如传统的手工艺往往采用天然材料，注重生态平衡。品牌化建设可以促进人们对这些传统方式的认知和认可，从而推动更多环保意识的传播及其实践应用。

总之，非遗文化品牌化建设有助于传承保护传统文化，推动经济发展，提升国家文化软实力，并促进社会凝聚力和环境保护。通过将非遗文化融入现代社会与商业活动中，我们能够更好地传承和发展这些宝贵的文化遗产。

二、非遗文化品牌化建设的实践

（一）茶非遗文化品牌化建设

文化是茶产品通向茶品牌的必由之路。茶文化是茶产品与茶品牌之间的桥梁，富有文化内涵的品牌本身就更加具有市场优势。茶文化中，非遗文化是最重要组成部分，将茶品牌与非遗文化相结合，既能提升茶叶品牌的文化价值，同时能更好地传承创新非遗文化。

茶非遗文化传承人对品牌茶品牌设计也有重要作用，是极具提升品牌文化价值的重要资源。品牌形象是一种反映了消费者对某事物的记忆感知。因此，在非遗茶品牌设计研究中，为了唤起消费者对这个非遗文化的记忆，从非遗文化的历史脉络中提取出独具特色的地域文化元素，在品牌和消费者之间建立起密切的联系。

1. 凝练非遗茶品牌故事

品牌故事是建立强势品牌的关键路径。在实践中，许多优秀的茶品牌结合非遗文化都挖掘了富有感染力的品牌故事，品牌故事不仅是种营销策略，更是一种文化现象。

茶叶区域公共品牌拥有丰富的茶文化故事和浓厚的历史底蕴。茶企业品牌中，浙江西湖龙井有四大西湖龙井茶叶企业品牌：狮峰牌、顶峰牌、御牌、贡牌。

2. 建构非遗茶品牌设计

茶品牌形象设计不仅仅是为建立差异化的品牌形象，维护茶品牌形象的一致性，更为重要的是，通过茶品牌形象设计，不仅可以强化茶品牌承诺，更可以赋予消费者全面的品牌体验，承载和履行品牌承诺，使目标消费者及其他利益相关者产生品牌偏好，提高品牌忠诚度。非遗文化制茶技艺中，所承载的不仅仅是一种简单的制茶技艺，同时更是一种重要的文化表达，为茶叶品牌建构提供丰富的设计资源。

（1）茶品牌 logo 设计。标识是品牌名称在视觉上的形式，是表明品牌特征的记号，它以易识别的物象、图形为直观的语言，标识的功能不仅仅局限于表示品牌的名称，还具有表达意义、情感的精神文化的象征作用。品牌标志是具有商业价值的符号，是具有象征性的视觉语言，是识别品牌的视觉核心。标志设计中需要遵循造型简洁、表达品牌理念和具有美感三大原则。

茶品牌规范设计是塑造非遗茶品牌形象的基础，为品牌应用设计规定基本要求，茶品牌规范设计包括茶品牌标准字设计、标准色设计、辅助图形设计等。

第一，茶品牌标准字设计。茶品牌标准字设计中字体多采用书法，以体现茶品牌的历史与产品属性，也有采用美术字体，多选择衬线体字体，在笔画始末的地方有额外的装饰，且笔画的粗细会因直横的不同而有所区别，强调字母笔画的走势及前后联系，与非衬线体相比，更适合走文阅读，视觉上也更匹配茶品牌中的 logo 设计。

绝大多数茶品牌在标准字的表现手法上都采用了书法字体或衬线字体进行展示。书法字体在茶品牌标准字设计中应用体现了茶的历史与文化，可以说是顺理成章的。如茶企业品牌六百里茶业运用传统文化元素——书法字体篆体基础上再创作而成为标准设计元素，是设计师表现茶品牌深厚传统文化底蕴的一种手法。

第二，茶品牌标准色设计。茶品牌的色彩多因茶的品种不同而采用不同的色彩，比较常用的有绿色、红色、金色与黑色等，既表明的产品的特征，又将深厚的中国传统文化基因植入其中。

第三，茶品牌辅助图形设计。茶品牌设计的辅助图形设计可以选取非遗文化故事描述的场景或事物，也可以是山峰、流水、祥云、竹子以及茶叶等视觉形象再设计作为的主体图形，表达深厚的文化底蕴，体现非遗文化的艺术传承。如祁野茶业的产品包装将其 logo 中的"麒麟"文化的创新形式的表达，从书法字体的表现形态或者字体的视觉效果等角度作出突破。视觉元素作为背景底纹即辅助图形，丰富茶业品牌，强调传统文化内涵。

（2）茶品牌应用设计。茶品牌应用设计应遵循品牌规范化设计的要求，在此基础上进行包装设计、广告宣传、媒体推广等。

第一，茶品牌包装设计。以茶产品用途为标准，茶包装可分为便携小包、节日赠礼和传统纸质包装，分别对应出门携带、过节赠送以及在家自用等用途。茶产品便携小包包装外部视觉设计应简约，可以采用企业 logo 或者辅助图形通过重复构成等的手法形成视觉元素，表现便携包装传统图案元素现代化再设计的视觉效果。

第二，茶品牌宣传推广设计。绝大部分品牌都会把产品推广活动当作是头等大事，茶品牌也不例外，在开展产品推广活动的时候，一定要精选推广活动形式，特别注意采用有效的推广策略和方法，从而才能真正为企业带来帮助，有利于消费者多角度了解茶品牌。随着现代社会经济迅速发展，人们开始越来越注重生活品质，在这一理念下，茶品牌创始人可以开展各类推广茶产品讲座，宣传茶叶文化知识。

第三，茶品牌网络媒体设计。近年来，随着网络媒体发展飞速，为视觉艺术设计提供了新的视野和创意，给人们带来了强烈的视觉冲击力，给茶品牌网络媒体设计带来了很好的机遇。在茶品牌网络媒体设计中可将丰富的传统文化设计元素加入网络媒体视觉艺术设计中，进一步拓宽了视觉艺术设计的创作舞台。

（二）广彩瓷非遗的品牌化建设

广彩瓷是广州地区釉上彩瓷艺术瑰宝，它亦被称为"广州织金彩瓷"。广彩瓷约在清代康熙年间创烧，它的制作及售卖等主要通过瓷庄进行，尽管在近代前，广彩瓷行业中并未有"品牌"这一概念，但出名的老字号瓷庄和广彩匠人的名号，在某种程度上也有类似"品牌"的作用。完整的生产体系和良好的品牌口碑造就了义顺隆瓷庄的成功，尽管由于战乱影响，这个老字号品牌未能留存，但义顺隆也成了广彩瓷发展历史上重要的一笔。

近代以来，众多广彩瓷匠人们都选择自立门户，成立个人工作室，但他们大多数并没有品牌标志，也没有明确的品牌定位，所以大多不能算作真正的品牌。广彩瓷中初具品牌意识的是"继续"广彩工作室，它由两位90后年轻人创办。在品牌定位方面，该品牌的消费者一般是25到50岁的中青年人群，其销售的产品也比传统的广彩瓷器更年轻化、现代化，受到年轻人的喜爱。正因为"继续"广彩拥有品牌名称、品牌理念、品牌视觉形象等完整体系，形成了品牌效应，所以使这个年轻的品牌在市场上具备一定识别性及竞争力。

广彩瓷非遗文化本身就具有文化品牌的属性，这彰显出以品牌设计作为非遗文化产业保护与传承的理论指导是正确的。引入品牌设计的理念能促进广彩瓷产业与现代消费市场的融合与发展，如前文所提到的"继续"广彩，便是对传统广彩瓷形象进行提炼与升华后，考虑现代消费市场并结合了现代审美的新文创品牌。相比于产品质量所体现的产品力，品牌具有更强烈的精神内涵，是更成熟的工业文明体现。所以，借用非遗文化品牌赋能或是广彩瓷在当代社会创新发展的有效途径。

广彩瓷的品牌构建策略如下。

第一，促进行业革新，树立品牌意识。在如今的广彩瓷行业中，从业者们不能仅凭自身经验对市场进行判断,而需全面且客观地分析市场,以差异化为落脚点明确品牌定位,打造独特的品牌视觉形象才能使其在竞品中脱颖而出。此外,从广彩瓷行业整体而言,促进行业革新,帮助从业者们树立品牌意识还需相关协会或政府的协助,联合广彩瓷厂与个人工作室的力量,强化与加固从业者们的品牌意识,为其营造有利于品牌运营的社会环境。

第二,融入现代审美,重塑品牌形象广彩瓷色彩浓郁,构图丰满,但在塑造广彩瓷文化品牌时,除了从传统审美中提取元素,还应注意与现代审美相结合,重塑品牌形象。以广彩瓷最为出名的"金彩"为例,它在广彩瓷后期作品中得到大量使用,金碧辉煌的瓷器在当时是审美优越的象征。广彩瓷某些过于满幅的构图也不太契合现代简约的风尚趋势,需对纹饰图案等进行精炼提取。

第三,因袭创新并轨,沉淀品牌内涵广彩瓷有着上百年的历史积淀、完整工艺流程以及独特的艺术风格,也有着能代表广彩瓷的文化符号。在大众认知里,传统纹饰与工艺技法是广彩瓷文化的代表,所以在构建品牌时,保留传统艺术特征,不仅能有效传递其文化内涵,激发喜爱传统广彩瓷的消费者,也能提高大众对文化品牌的认可度。广彩瓷发祥于广州,它是创新求存、开放包容的岭南文化典型之一,采用因袭与创新并轨的模式来构建广彩瓷品牌,能在结合传统手工艺与现代品牌的同时,保留广彩瓷的艺术形态精髓,而围绕其文化精神所作的品牌创新,沉淀了品牌内涵,增强了广彩瓷品牌的核心竞争力。

(三)广西壮锦非遗文化的品牌化建设

广西壮锦作为我国四大名锦之一,历史十分悠久,是广西壮族自治区的文化象征之一,也是广西多民族文化符号的重要代表。打造优秀民族文化品牌这一战略成为壮锦文化在民族文化复兴战略中的必经之路,是广西壮族自治区弘扬传承民族文化的重要组成部分。

1. 广西壮锦文化品牌塑造

(1)建设完整的品牌体系,塑造壮锦文化品牌形象,推动壮锦周边文创产品的应用和市场流通,在消费者和大众心中塑造良好品牌形象,提升壮锦文化在市场中的竞争力。

(2)品牌建设可以为壮锦文化带来传播力和关注度,是广西地区经济实力、文化实力以及社会实力的综合体现,成熟的品牌体系将为壮锦文化带来更加多元的社会资源,吸引大量的学者、消费者以及相关行业从事者的到来,带动了广西民族文化的发展和广西地区的经济效益,提升了自身的文化价值,为广西区域的民族文化传承作出了巨大的贡献。

(3)借助品牌学和广告学的相关专业知识,科学规划品牌形象,制定广告宣传策略,打出壮锦文化自身民族性、传统性的王牌。

2. 壮锦文化产业数字化发展

为壮锦文化建立网络博物馆和官方网站，人们可以通过浏览官网，对广西壮锦的历史来源、发展历程、纺织技术以及工作流程等方面进行全方位了解，也可以赋予该平台一套完整的电子商务系统，开设"壮锦文化官方网店"，以此来满足消费者对于壮锦文创产品的消费需求，扩大消费途径。

成立相关的壮锦文化宣传部门，组织专业人员拍摄《壮锦工艺宣传片》《壮锦匠人纪录片》等数码影片，通过互联网平台进行传播，吸引更多大众群体的关注，实现壮锦文化资源共享，运用数字技术推动壮锦文化和品牌的传播和发展，实现广西壮锦文化数字化传播的重要途径。

3. 开设品牌平台账号

壮锦文化应该抓住当下数字媒体传播途径的优势，将互联网时代和数字媒体时代带来的时代红利发挥到极致，积极转变传播思路，落实传播渠道，实现新媒体平台传播多线发展，使壮锦文化渗入更多的切入点中，扩大壮锦文化产业的传播范围，覆盖文化市场。

开设"壮锦文化品牌"官方短视频平台账号，实时更新壮锦文化发展现状和动态等；将壮锦文化品牌与当地旅游资源相结合，在各大旅游景点投放大量的壮锦文创产品和周边商品，在旅游 App 中开设"壮锦文化品牌"专栏，方便消费者进行购买活动。对于消费者和受众群体而言，可以冲破时间和空间的限制；而对于壮锦文化而言，新媒体平台的运用为广西壮锦非遗文化的传承和发展铺平了道路，提升了大众对于传统民族文化和非遗文化的关注度和认知度，让传统文化、民族化和非遗文化走出了国门，走向了世界。

4. 打造一流的品牌形象系统

壮锦文化依照如今这种落后的传播方式显然不能得到更好的传承和发展，所以，使用更先进的新媒体技术手段进行平台搭建无疑是更加明确的选择。如今新媒体时代下的网络平台更加发达，功能更加强大，这对于壮锦文化来说既是机遇更是挑战。合理地运用品牌学理论系统为壮锦文化打造一流的品牌形象系统，并结合当下先进的互联网自媒体平台进行品牌宣传推广才是唯一出路。

（1）成立广西壮锦数据博物馆。建立一个名为"广西壮锦非遗文化网络博物馆"的网站，将历史中遗留的壮锦文化相关资料进行整理，在网站主页中设置成立一些用于用户浏览的重要版块，如"历史写照""制作流程"和"样品简介"，也可以在网站中开设官方网店版块，将一些品牌化的壮锦手工艺品进行网络售卖，使想要了解壮锦文化的消费者能够更加便捷地购买壮锦文化商品。成立官方网站或者论坛可以提升壮锦文化的权威性和专业性以及安全性,也能够通过数字媒体平台和受众进行长久有效的交流和互动,让更多的民众通过该平台对壮锦文化进行了解,很大程度上扩大了传承和发展的范围。

(2)搭建广西壮锦数字化平台系统。为了能够最大限度地做好广西壮锦文化的传承和保护工作,就要全方位搭建数字化平台系统,为其保驾护航。利用数字媒介传播的时效快范围广的特点,搭建广西壮锦数字化平台系统,如将文化产业和数字化进行有效结合,有关部门组织"壮锦文化之乡"文艺演出、为壮锦发源地拍摄发行相关纪录片和微电影、制作简易网络游戏等相关项目,吸引大量民众和游客前来观摩和欣赏。当然,这一切的前提在于从事这些工作者对于广西壮锦文化内涵的深入了解和总结,要做到一步一个脚印,在实施这些项目之前做好调研,力求将广西壮锦文化完整地呈现在世人面前。此外,政府部门也需要加大力度,成立相关监管部门和指导部门对该项目进行监管和指导,在传承和保护的工作中扮演重要角色,也会极大地提高政府部门的公信力,为广西壮锦文化的传承工作助力。

(3)创建广西壮锦文化官方自媒体平台。开设"广西壮锦文化"官方微信公众号、官方微博、抖音、小红书等自媒体平台账号,定期或者实时更新广西壮锦文化的相关信息,如拍摄一些壮锦制作流程、手工艺品展示和历史小短片等视频资料,也可以利用该类自媒体平台的商城功能开设种类齐全的"广西壮锦微店",为壮锦手工艺品的对外销售打开更多的出口。自媒体已经扎根于每个人的生活中,在人们品味生活的同时,广西壮锦文化也可以通过这些渠道,潜移默化地成为一部分人的生活方式,传承和保护也慢慢地走上了正轨,取得了前所未有成功。此外,在广西各大旅游景点设立多处"广西壮锦文化品牌"的代售点,结合旅游景点的公共空间进行壮锦文化口号宣传,如广告牌、导向牌和公共空间艺术作品等设施,既美化了旅游景点的环境,也在合理运用公共空间的基础上,做到随时随地宣传壮锦文化。

总之,广西壮锦非遗文化作为广西壮族自治区这片土地上的民族瑰宝,体现了民族的灵魂和文化自信,传承和保护理所应当地成为当下迫不及待的事情,非遗文化作为中华民族历史文化重要的一部分也必须受到最大限度的传承和保护。广西壮锦文化的品牌建设和数字媒介的传播途径建设缺一不可,创建品牌可以使壮锦文化元素得以尽情地体现其文化内涵,增强民族特色,而数字媒介的传播途径的建设则让广西壮锦文化的快车能够驶入笔直的桥梁,二者兼备,我国的民族文化才能"走出去",名扬世界各地,成为国家最为深厚的文化软实力。

(四) 辽宁非遗文化品牌化建设

随着后工业时代的发展，产品型经济逐步向服务型经济转变，服务设计成为文化品牌构建发展中心不可缺少的环节。服务设计对产品和企业品牌价值的提升，有了丰富的实践案例。从非遗文化品牌创建发展步骤来看，在品牌创建孕育期，构建非遗文化品牌首先要对辽宁省内非遗文化环境以及当地传统文化、民族文化和工艺技艺市场进行调研，依据利益相关者关系图和用户体验旅程图划分品牌的目标用户群体、用户体验流程触点和营销传播的品牌卖点；在品牌创建幼稚期，根据非遗文化目标消费用户画像和辽宁非遗文化品牌定位来挖掘用户需求；在品牌创建成长期，规划非遗文化品牌系统、服务流程和设计品牌形象；品牌创建成熟期开始策划品牌传播方案，伴随品牌衰退期的市场情况制定非遗文化品牌服务流程维护并进行迭代实践，在不断完善的过程中，使用户得到舒适满意的非遗文化体验服务，最后赢得用户对品牌的信任。如果服务设计不合理，用户体验满意度下降，对文化品牌的成长也会造成负面影响。

创建提升非遗文化品牌形象具有完整的生态链条，品牌定位以及服务模式作为产业发展的节点存在。通过汇聚地方非遗手工艺的社会创新活动，服务设计将手艺人、工作坊和地方文旅有机连接，用统一的品牌传播模式，吸引广泛社会参与，迎合市场发展，达到辽宁非遗文化的系统化与生态化发展效应。

辽宁非遗文化品牌创建设计策略如下。

1. 品牌定位

一个好的品牌对企业和产品来说不仅是一个现实的立足点，更是走向未来的起点。在服务经济的环境中，越来越多的企业开始注重品牌的树立与传播，良好的品牌可以为企业和产品带来稳定的消费用户和品牌忠诚度，为企业和产品未来的发展积淀延展价值。

建设辽宁非遗文化服务平台可以更好注重本土文化的资源整合，集中辽宁省非遗文化等传统文化力量，树立品牌，用一个声音说话，更好地传播辽宁非遗文化内容。在共同点与差异点上体现出辽宁非遗文化品牌与本地各文创工作坊之间的区分，为满足市场不同层次的需求，对非遗工艺品市场进行细分，平台将销售的工艺产品品类划分为高档订制、中档大众、低档小众三类。

平台提供的服务内容不局限于工艺品的销售，以用户为中心去创造品牌价值，需要不断对品牌系统优化升级。平台将技艺传承与线上慕课和体验活动相融合，为不同用户提供了多样化的体验项目，增加了目标用户对品牌的黏性，形成了稳定的品牌用户基础。

在品牌传播上，规划辽宁非遗文化品牌与本土旅游项目融合发展，利用丰富的传播媒介进行品牌宣传，让更多年轻人能够获取海量的非遗文化信息，制定阶段性的非遗文化活动，带动当地人对辽宁非遗文化传播的参与度。

2. 视觉定位

成功的品牌，不仅可以为用户提供满意的功能服务，同时还能够满足用户的心理需求和文化附加价值。品牌识别作为品牌战略的基础，在一定程度上指导了品牌创建、传播以及修复的全部过程。

建立有效的品牌识别系统不但可以为企业或产品实现流量变现，最终也会为用户带来产品功能以外的附加价值。在辽宁非遗文化品牌形象定位的基础上提取品牌识别的关键词：原生原创、传承多样和跨界融合，辽宁非遗文化的目标用户主要是新一代的年轻群体，品牌视觉色彩提取上要达到快速抓住眼球的效果，可视化的品牌识别不能缺少背后的文化底蕴，在元素的提取与再造过程中注重辽宁非遗文化的支撑，既要体现出品牌传承的非凡不同，又要迎合目标用户追求独特个性的需求，吸引新生代力量传承辽宁非物质文化遗产和传统文化。

3. 新零售模式的创新应用

辽宁非遗文化服务平台通过大数据统计目标用户的喜好、购买行为、学习等数据，将其转变为优化产品和服务流程的依据，根据用户信息反馈不断更新体验项目，从而提高用户对品牌的黏性。成功的体验设计就是恰巧满足了用户此时此刻的需求与超乎预期的体验感，品牌的树立和传播就是建立在用户的满意反馈上，而产品与服务流程则在品牌传播的过程中不断优化和升级。

"非遗文化技艺传承"转化为"线上线下授课"模式，手艺人可以录制或直播非遗文化技艺传承课程，通过辽宁非遗文化服务平台进行传播，也可以在线下门店进行非遗文化技艺的班级授课，打破了传统单一的传承模式。

"文化传播"转化为"文化交互体验项目"，①可以通过辽宁非遗文化服务平台预约手艺人教学和非遗文化小游戏等。②可以通过辽宁非遗文化App与线下门店、博物馆进行辽宁非遗文化虚拟AR再现体验，包含情景体验、技艺体验和游戏体验等，门店的餐饮服务会将辽宁非遗文化中的美食作为主打内容，从辽宁非遗文化技艺的不同方面进行，即提取精华—结合市场—品牌传播的三步走战略。

通过三步走战略，辽宁非遗文化服务平台实现门店+App跨界交互的服务生态，不断走进年轻人群和文化爱好者的视野，成为搭建、传播非遗手艺人技艺和消费者文化新需求的桥梁，实现辽宁非遗文化信息化服务模式转型。

总之，在经济水平日益增长的背景下，只有具有交互性情感关联式的服务体验才能拉近产品与用户之间的距离。用服务设计思维建设辽宁非遗文化品牌，过程中贯穿以用户为中心的理念，精准捕捉用户需求，对辽宁省非遗文化内容整合升级，通过互联网大数据技术和新零售的经营模式，带动辽宁省非物质文化遗产以及传统文化产业的发展，完善品牌经营流程，提供更多文化就业机会，推动辽宁省非物质文化遗产经济的生态发展。

第六章　非遗文化的数字化发展与技术应用

第一节　非遗文化的数字化发展必要性

"非遗文化传承的精髓是精神及意识形态，需要深度挖掘，利用数字语境完成意识形态的挖掘是具有强大优势的。在多重数字语境下，非遗文化的保护与传播，如何更好地依托物联网数字信息技术得以发展，将是未来非遗文化传播发展的重心。"[①] 因此，非遗文化的数字化发展是指将这些非物质文化遗产通过数字技术进行整理、保存、传承、研究和展示的过程。非遗文化的数字化发展必要性如下。

一、政府发挥职能优势的迫切要求

政府具有资源整合和规划引导的职能优势，通过建设数字化平台、提供资金支持、出台相关政策，可以有效促进非遗文化的数字化保护和传承，使非遗文化得到更好的传承和发展。

各级政府部门引导各界力量汇聚合力，以专业技术对接地方需求，以推进美丽乡村建设为抓手。开展差异化策略进行非遗文化帮扶，坚持价值导向，让非遗文化传承适应数字化、信息化发展趋势，发展非遗文化数字化产业，提高非遗文化传承文化软实力。组建专家服务，以问题为导向，按照"四新""三好"目标要求提高履职尽责水平，演化以传承人为"点"，非遗文化项目为"线"，非遗文化产业化为"面"的点线面体系，从传播学、营销学和社会学等多维领域赋予非遗文化传承更丰富的内涵，为数字化非遗文化传承建议提供了有力支撑。

[①] 景智.非遗数字化保护的探索与实践——非遗文化下数字语境的表现[J].中国多媒体与网络教学学报（上旬刊），2020，(05)：174.

二、树立文化自信自强的外化表现

提高文化软实力需将中华民族最基本文化基因与社会发展相协调，向世界讲好中国故事，体现大国担当。数字化发展是现代社会的趋势，对于非遗文化的保护和传承而言，通过数字化手段对非遗文化进行传承和宣传，可以让更多的人了解和认知传统文化的价值，增强民族自豪感和文化自信心，使非遗文化在国内外展现出更加自强自信的形象。

数字化转型给非遗文化的高质量发展带来新机遇，坚持人民的非遗文化，人民共享理念，以"数据+技术"手段构建社群营销，搭建以非遗文化为核心资源，联动产业的在线服务平台，实现基于大数据的精准营销，将非遗文化更好融入现代生活，可以更好服务经济社会发展和满足人民需要，形成非遗文化独特优势。对传承弘扬传统文化，拉动消费具有重要意义。

三、推动中国特色社会主义的重要路径

政府对非遗文化项目进行活态传承创新，这对传递民族文化、凝聚民族同心力和增强文化自信具有重要意义。政府在核心技艺的保护与传承中，扩大非遗文化文创衍生品的生产，激发非遗文化内在动能，挖掘非遗文化IP，使非遗文化从历史地理概念延伸到社会经济文化领域，使非遗文化在"政府+产业+传承人+受众"共同参与下实现保护性开发和传承，相关部门及自媒体通过展示、解说互动等短视频和直播形式，让科技新理念和非遗文化碰撞，将非遗文化转化为社会价值，借助生产、流通、销售等与社群互动营销，为乡村振兴提供强大动力。

四、加强对外交流合作的重要活动

非遗文化新业态、新产品，为非遗文化市场化发展提供了新动能。非遗文化数字化需要各驻外使领馆、社会各阶层人士和党外知识分子等积极开展宣传推广。

数字化发展使得信息传递和文化交流更加便捷，通过数字化手段展示非遗文化，可以吸引更多国际目光，促进与外国的文化交流与合作。这有助于增进国际的友谊，加深国际对中国非遗文化的认知和了解，同时也能够借鉴其他国家的数字化保护经验，促进非遗文化的全球传播。

以网络为媒介，充分利用数字化媒介，将"互联网+非遗"的模式通过市场下沉、讲好非遗文化故事的形式实现非遗文化产品与受众对接，持续探索非遗文化保护路径、非遗文化生态活化创新，积极推进非遗文化合作与交流，强化非遗文化价值观念对外传播影响

力,将非遗文化基因、智慧元素等通过"文化先行"的方式与国际文化专家队伍交流,实现非遗文化传承与创新发展,增强文化自信。

第二节　非遗文化的数字化保护标准与机制

一、非遗文化的数字化保护标准

为了更好地传承和保护非遗文化,数字化保护成为一种重要的手段和方向。因此,建立和实施非遗文化的数字化保护标准显得尤为重要。非遗文化的数字化保护标准是指一系列针对非遗文化项目的数字化收集、整理、保存和传播准则和规范。通过数字化手段,我们可以以更直观、更广泛的方式将非遗文化的价值和内涵传递给更多人,实现传统文化的创新与传承。

第一,确立数字化保护标准必须明晰收集和整理的内容。这包括非遗文化项目的基本信息、历史渊源、传承人资料、技艺流程、相关图片、音频、视频等多媒体资料的系统性收集。同时,还需要规范整理工作,建立统一的分类与编码标准,以确保非遗文化项目的数字化资料能够高效地管理和检索。

第二,标准的制定还要考虑数字化媒体的应用。随着数字技术的飞速发展,利用虚拟现实、增强现实等技术手段,可以更加生动地呈现非遗文化,使观众如身临其境,深刻感受非遗文化项目的魅力。此外,要兼顾不同年龄、地域、文化背景的受众需求,确保数字化成果具有普适性和易接受性。

第三,数字化保护标准需要着重考虑数据安全和版权保护。非遗文化是宝贵的民族财富,数字化保护涉及大量敏感信息和独特知识。因此,建立健全的数据安全体系,防止信息泄露和不当使用,是至关重要的。同时,对于非遗文化数字化成果的版权归属和使用权进行明确规定,保障传承人和相关机构的合法权益。

第四,数字化保护标准应强调国际交流与合作。非遗文化是全人类共同的宝贵财富,各国应加强合作,共同推进非遗文化项目的数字化保护。可以建立非遗文化数字化资源的共享平台,促进国际非遗文化的传播和交流,提高全球对非遗文化保护的认知和重视程度。

第五,数字化保护标准的执行需要政府、学术机构、传承人等多方协作。政府在制定相关政策和法规方面起着重要作用,为数字化保护提供政策支持和资金保障。学术机构可以加强研究与技术支持，推动数字技术与非遗文化的融合。而传承人是非遗文化项目传承与发展的主体，他们的参与和支持是数字化保护工作的关键。

总之，非遗文化的数字化保护标准对于传承和弘扬非遗文化具有重要的现实意义和深远的历史价值。唯有通过数字化手段，我们才能更好地记录、传播和创新非遗文化项目，让非遗文化焕发出新的生机与活力。同时，数字化保护标准的制定需要政府、学术机构和社会各界共同努力，共建共享非遗文化的数字时代。让我们携手守护这份瑰丽的非遗遗产，让传统文化之花在数字化的浪潮中绽放绚烂光彩。

二、非遗文化的数字化保护机制

（一）非遗文化数字化保护机制的构建意义

第一，传承保护。非遗文化的数字化保护可以有效记录和保存非遗的传承过程和技艺要领，为后代传承提供重要参考资料，确保非遗文化不会因传承中断而逐渐失传。

第二，文化传播。数字化手段具有高效传播的优势，通过网络等新媒体平台，非遗文化可以跨越地域和时间限制，更广泛地传承，增强其影响力和生命力。

第三，文化交流。数字化保护促进了不同地区、不同国家之间的文化交流。通过数字化展示，非遗文化可以让更多的人了解和认知，促进文化多样性的传承和融合。

第四，可持续发展。数字化保护使非遗文化更易融入现代社会，与时俱进，发展出更多应用，推动非遗项目的可持续发展。

（二）非遗文化数字化保护机制的构建原则

第一，平台化保护原则。当前我国应该在开放性及兼容性并存的前提条件下，建立起良好的非遗文化数字化保护标准及保护方式和技术，构建出能够与其相适应的保护平台，使其成为全国非遗文化数字化保护机制的重要保障，以确保非遗文化的数字化保护机制能够在各部分之间顺利地开展与对接。

第二，集成化保护原则。随着当前我国经济的快速发展，需要全新的保护理念和技术来对非遗文化的数字化保护机制当前面临的问题进行解决。但是针对现状进行分析，现有的研究还较为局限，只针对本专业的领域，对非遗文化数字化应用的研究较少。因此，应该以档案学中一些成熟的理论作为基础，把研究的方向放大，并且确立非遗文化的文化系统及结构和价值所在，结合当前全球的数字化应用发展趋势，将集成虚拟现实及数据管理和分发等高技术内容创新，在非遗文化数字化保护机制中实现良好的应用，以确保目标得以实现，最终建立起具有我国非遗文化特征的集成技术标准及工作流程。

第三，社会化保护原则。当前我国人们的精神文化需求正在不断增长，传统的非遗文化的数字化保护方式，已经不能满足当前社会人民的精神文化需求，因此需要不断对文化资源保护技术进行创新，加强对非遗文化生产性的保护，使非遗文化的社会价值及经济价值得以体现。所以在非遗文化的保护工作中，要与文物、民族、宗教等各种非遗文化的实际情况进行结合，针对非遗文化多样性及个性的发展方向，构建出符合当前社会需求的非遗文化数字化保护机制的集成示范项目，从而促进社会各界通过文化馆、图书馆及博物馆等公共场所，能够享受到非遗文化的数字化保护机制开展形成的工作成果。

（三）非遗文化数字化保护机制的构建路径

对于非遗文化的数字化保护机制的原动力，将非遗文化数字保护中的市场需求及行政管理和科学发展良好地结合在一起，形成一个互惠互利的有机整体，从而推动我国整体的非遗文化的数字化保护事业向深层次发展。

1. 充分发挥文化行政管理部门的主管作用

文化行政管理部门主管的内容主要有行政的强度及行政的能力两个方面：①行政强度。行政强度是指文化行政部门自身的权利密度及组织强度。②行政能力。行政能力是指社会技能及社会的需求统一发展而形成的一套体系，通过对社会经济及文化等方面开展措施，实现对社会的调整及管理，进而形成一种综合的机制。

在社会运行及管理上，文化行政管理部门的作用主要就是对非遗文化进行完全的管理，使其能够实现社会公共价值，在确保非遗文化数字化保护工作能够正常开展的环境下，再为非遗文化的数字化保护工作构建出良好的环境。

文化行政管理部门主管的方式，主要表现在对非遗文化数字化保护环境的实际使用方式上，也就是采取强制措施或者柔性措施来实现对目标的管理，从而促进非遗文化的数字化保护环境不断地升级。①以柔性间接的方式开展，文化行政管理部门对人们进行非遗文化数字化保护需求开展引导工作，通过自身的各种行政方式及经济方式来推动非遗文化数字化保护，为实际开展保护工作的文化行政管理部门制定目标方向。②采用强制直接的方式，也就是文化行政管理部门要根据自身的权利范围及职责所在，制定出各项措施，在文化行政政策上不断地动员社会的各种力量，实现非遗文化管理的整体目标。在实施政策理念上，强制直接方式是文化行政部门发展非遗文化数字化保护政策的长效措施，能够使我国的非遗文化数字化保护工作的发展空间更加广阔。

（1）文化行政管理部门主管的核心要素。文化行政管理部门自身需要具有一定的需求及环境。从需求上分析，文化行政管理部门要根据非遗文化数字化保护的实际需求，对自身的工作提出客观的要求。从环境上看，文化行政管理部门是国家对非遗文化实际管理工作的机构，是以特定的目标及政治角色为内容，不是民间力量可以取代的。文化行政管理部门要明确自身的政治角色及行政地位，在我国的非遗文化数字化保护事业中起到绝对的支配作用，并且要不断地促进基础的改革和创新。文化行政管理部门的主要工作内容，要从意识和资源及能力三个方向来分析。

（2）文化行政管理部门主管的改革方向。文化行政管理部门想要解决很多困难，就需要首先针对问题进行改革，并且要促进非遗文化数字化保护机制的不断创新与实践，以确保我国的非遗文化数字化保护事业不断地发展，推动整体的行政体制改革。

第一，转变政府职能。当前需要不断地通过改革来使我国的非遗文化数字化保护工作与文化产业进行融合，实现更为高效的发展。当前我国的各级人大都应该面对非遗文化数字化保护的真实需求，制定出相关的法律法规，并且形成一个良好的体系，对非遗文化的行政管理部门及执行部门，使其在工作中能够有法可依，确保非遗文化的传承人和各类数字化保护主体利益得以维护。①文化行政管理部门与实际的文化企业要摆脱联系，让行政部门专门对文化事业进行管理，让文化企业单位自负盈亏，向市场化的方向发展，改变传统的文化管理思路。②在工作中要不断地强化政府文化部门的实际管理职能，针对现阶段文化事业单位的职责进行明确，确保将行政执法权和监督权与实际企业的经营权进行分离，改变过去传统模式下政府与企业不分家的状况。③转变当前的工作模式，通过现代的技术手段及社会管理方式的运用，采取行政引导及制度管理等等，是对一些具有先进水平和重要价值意义的非遗文化企业进行帮扶，以推动当前我国非物质文化企业的整体发展。

第二，强化权力配置。文化行政管理部门的主要工作就是以权力配置资源。对市场规律的研究，目光长远的实现，可持续增长的心态，是当前权力配置资源的主要因素。社会环境是不断变化的，文化行政管理部门需要及时地对新的信息进行获取，以确保能够采用权力来替代市场进行管控，要发挥市场在全力配置职能中的重要作用，使市场能够推动非遗文化数字化保护工作的开展，并且遵循市场实际的资源配置原则，改变工作上只要求政绩，却不谈资金与成本的做法，针对投资对象和主体的整体实力及经营能力，通过市场机制，不断地推动非遗文化相关的利益主体逐渐地转型。

第三，理顺政企关系。现阶段，各级的文化行政管理部门，都要针对文化部门、广电部门及新闻部门进行整改，对实际的工作内容进行整理，对工作流程进行创新，对工作职责进行明确，使政企分开的改革目标得以实现，使文化行政管理部门能够完成自身的工作职责。

2. 完善科技管理部门的主导能力

科技管理部门的主导，主要是在经济手段及法律手段和政治手段等系统方式的使用上，并且不断地完善自身的主导能力，对非遗文化科技的创新进行鼓励，最终营造出良好的非遗文化的研究环境，使社会各界的科技创新积极性得以调动，最终促进我国的非遗文化数字化保护科技创新整体的发展。

（1）科技管理部门主导的必然原因。科技管理部门的主导作用，对于我国的非遗文化数字化保护机制的整体发展具有重要的作用，主要的体现在以下方面。

第一，公共产品性。非遗文化的科技创新，不同程度地具有公共产品的性质，并且在研发及实验的时候都需要重大的资金投入，因此在不能得到回报的情况下，一些非遗文化的创新主体就会通过技术引进的模式对非自主创新的现有非遗文化的数字化保护科技力量进行发展，而当非遗文化创新主体都用这种方式的时候，就会使非遗文化的科技创新停止。因此，在遇到这一类创新问题的时候，需要协调社会与非遗文化创新主体之间的实际利益关系，科技管理部门的主导作用是十分重要的。

第二，创新外部性。非遗文化科技创新的外部性，是指企业或者个人在进行非遗文化的数字化保护科研研发的时候，被他人强行增加的利益或者成本。在文化跟科技的融合环境下，非遗文化的科技创新所表现出来的外部性主要体现于溢出效应，也就是说非遗文化的创新主体在研究开发的时候，是为了能够获得非遗文化实际科技创新的成果，并且把它转化成生产力。因为科技创新溢出效应的存在，所以在非遗文化的科技创新的相关问题上，能够通过降低非物质遗产实际的开发费用，提升非遗文化数字化保护工作的整体社会化水准。通过科技管理部门对非遗文化的科技创新中的负面效应进行整合，确保非遗文化的科技创新能够实现可持续的发展与收益。

第三，创新不确定性。非遗文化的科技创新是一个很复杂的过程，会导致非遗文化的科技创新风险较高，需要科技管理部门从社会生产力等各个发展的方向，对科技创新的风险进行降低，促进整体科技创新活动的开展，并且对非遗文化科技创新活动进行更新，缩短非遗文化科技创新的时间。

（2）以高新技术企业为主体。在完善科学基础的文化与科技融合环境下，非遗文化数字化保护机制的过程中，要对高新技术企业在实际非遗文化保护机制中的重要作用加以重视，并且从根本上对研发的环节进行改变，避免出现脱离与分离现象，从而有助于我国非遗文化保护的科技化发展与数字化保护能够更加高效地运用。高新技术企业是文化与科技融合背景下非遗文化数字化保护机制的主要构成，主要的内涵表现有以下四个方面。

第一，非遗文化数字化保护的实施主体。在非遗文化的数字化保护机制中，不同的非遗文化的实践主体跟非遗文化的活动保护是具有关联的。在非遗文化数字化保护机制实际的实施过程中,他们都是在社会之中从各个层面参与到非遗文化数字化保护机制运行过程中的。高新技术企业主要的工作方向,就是对非遗文化数字化保护的各个环节开展分析与对比,从而找出最容易解决和最容易营利的部分,再加以重点关注,通过资金的投入及人力的投入,使非遗文化数字化保护的各种需求得以满足,最终为非遗文化数字化保护提供专业化的服务。

非遗文化的数字化保护机制的实施主体,在本书中是指某些从事重大研究性项目或者公益性项目之外的高新技术企业。高新技术企业成为非遗文化数字化保护机制中的实施主体,不但是我国当前经济体制改革的结果,也是非遗文化数字化保护科技化现代化实际发展的要求,更是高新技术企业应对市场环境的选择。

第二,体制改革的发展结果。①非遗文化数字化保护的实施主体,需要对非遗文化数字化保护的需求保持适度的了解,并且要根据市场实际的情况而选择正确的方向,确保能够获取效益,使工作有序开展。②非遗文化的数字化保护工作的实施主体,需要自身具有开发与营销的能力,从而保证非遗文化的研发成果能够顺利地转化,并且能够确保长期运用。③非遗文化数字化保护的实施主体需要具有一定的资金能力和金融能力,能够在不完全依靠于国家资金投入的前提下,确保非遗文化的研发投入,并且要承担文化与金融融合的过程中存在的风险。

第三,市场竞争的迫切要求。不断地对社会主义的市场经济进行发展,完善体制结构,转变我国当前的经济发展模式,推动科学技术的发展都是使文化和科技能够更好融合的重要保障。

通过对高新技术企业在市场经济中的主体地位的分析,能够发现创新和社会的需求之间需要不断地相互满足与推进。只有确定高新技术企业在非遗文化数字化保护中的实施主体地位,才能够充分地使我国的高新技术企业发挥出自身的优势,将文化与科技更好地融合在一起,从而在非遗文化数字化的保护领域具有良好的竞争能力。

第四,企业发展的现实选择。在针对非遗文化的保护上,非遗文化数字化保护工作的实施主体,高新技术企业,为了能够在当前的全球环境中获得自身的技术优势,节约成本,并且具有明显的成果,就需要不断地对非遗文化数字化保护需求的新产品和服务进行创新,要加强对非遗文化数字化保护应用的热点开发,确立好发展方向。高新技术企业需要不断地将文化与科技进行融合,确保自身在非遗文化数字化保护机制中始终拥有主体地位。

第三节　非遗文化的数字化技术体系

一、数字采集与生产技术

（一）数字采集技术与体系

数字采集技术是利用先进的数字化设备和技术，对非遗文化元素进行采集和记录，包括文物、手工艺品、音乐、舞蹈、口述传统等。这些数字化的采集内容可以成为后续数字化处理和展示的基础。数字采集技术体系根据一定的采集技术规范，对传统的艺术活动、舞蹈文化活动，以及与这些活动相关的活动空间、环境和相关的器物等文化空间进行数字化记录、处理再现。

当前的数字化采集技术体系不再局限于传统的视频录制、文本扫描数字化、音频采集等多媒体信息的获取，而需要综合运用三维动作捕捉、立体像对构建技术等多种新技术手段支撑非遗文化资源数字化技术的创新发展，改变传统、单一的数字化采集的情况。

（二）数字生产技术与体系

数字生产技术是通过数字化手段，对采集到的非遗文化元素进行处理和加工，创作出数字化的艺术品、展示作品、虚拟场景等，为数字化非遗文化的呈现打下基础。数字生产技术体系是利用资源的共享和服务平台，重用资源库中的资源，以不同消费群体的需求为导向，将非遗文化转化为可开发利用的素材资源，通过文化创意、数字创作、文化生产和文化营销，大批量生产可投放市场、能产生预期经济效益的综合性数字内容产品。

数字内容产品包含纪录片、动画片，以及虚拟现实、人机交互等方面的产品形式。因此，数字生产技术体系主要涵盖了动画生成技术、特效技术、渲染技术、虚拟现实技术、游戏引擎技术、人机交互技术等数字产品制作技术。

二、数字存储技术与体系

数字存储技术是一种用于存储、读取和处理数字数据的技术。它是现代计算机和电子设备中的核心组成部分。数字存储技术涉及将数据转换为数字形式并在存储媒介中保存，以便稍后检索和处理。数字化存储技术也为非遗文化的存储提供了许多新手段[①]。数字存储技术体系主要针对我国非遗文化品种丰富、形式多样的特点，依据具体的数字化表现形式，采用适宜的分类体系和元数据技术标准进行数字化存储。

在数字化存储时需要解决两个问题。

第一，数字化分类问题，主要是基于非遗文化的系统性、渐变性等特点，从民俗学、文化遗产学、社会学等多个学科角度研究非遗文化的知识构成分类，建设非遗文化的数字化分类体系。

第二，数字化资源的统一表示和存储问题，主要是针对目前全国非遗文化资源数据库建设中存在的技术标准不规范的情况，制定符合我国民族文化特点的非遗文化资源建设相关技术标准，包括资源创建、资源描述（元数据）、资源组织、资源管理、资源长期保存等技术标准，并据此研制资源存储与共享的一致性描述和测试工具。

三、数字管理技术与体系

数字管理技术体系主要针对非遗文化资源库中的海量素材，采用一定的共享和数据分发技术解决非遗文化资源的共享与服务问题。数字管理技术体系提出了贯穿数字内容资源整体生命周期的资源一体化服务理论，将非遗文化数字内容资源的管理、存储、发布、版权保护等全过程关键环节联成一体，形成具备高质量资源服务能力的一体化非遗文化资源共享与服务平台，解决海量的、分布式的资源整合与存储管理。

四、数字传播、消费技术与体系

数字传播技术是指利用数字化技术和互联网，传播信息、数据、媒体内容或其他数字化内容的技术和方法。这些技术的出现和普及，极大地改变了信息传播的方式和速度，并且对社会、经济和文化产生了深远的影响。数字传播技术体系主要涉及通信技术、动态调度技术、云计算技术、负载均衡技术、基于三网融合的多模式终端无缝接入技术、面向多终端的内容适配决策技术、面向用户的过程管理与质量评价技术等。

数字消费技术是指利用数字化技术和互联网，以便在日常生活中进行购物、支付和消费的技术和方法。这些技术的发展使得消费者能够更加方便地浏览、选择和购买商品或服务，同时也改变了传统零售和消费模式。数字消费技术体系主要涉及控制技术、声光电技术、多媒体展示技术等，根据具体的领域，其所涉及的专业技术有所不同，比如在数字剧

---

① 罗方雅. 技术视野下非物质文化遗产保护的数字化 [J]. 四川戏剧，2015（02）：125.

场型，通过融合了声光电等技术的数字化舞台，将数字化产品与舞台实景完美显现，可以使观众置身于一个虚拟环境与真实演员结合的增强现实场景中，给观众身临其境的感觉，并沉浸在栩栩如生的三维彩色图像和令人震撼的虚拟环境。数字传播与消费技术体系主要是利用卫星电视、IPTV 技术[①]、多终端展示等传播技术将非遗文化数字内容产品在网络、电视等多媒体终端，以及数字博物馆等数字展示实体上进行传播与消费。构建非遗文化数字化保护与开发的技术体系既是国家文化信息化建设的重要内容，又是增强国家文化软实力的重要手段，对于更好地利用先进信息技术手段促进非遗文化的科技创新和可持续发展，确定非遗文化数字化技术的理论支撑，促进数字化成果的共享以及文化遗产保护工作者之间的合作和交流具有重要的意义。

第四节　非遗文化的数据库建设

非遗文化（非物质文化遗产）的数据库建设是指将传统的非物质文化遗产内容数字化，并建立一个系统性的、可持续管理和传承的数据库。这样做可以保护、传承和推广非遗文化，使其更好地融入现代社会，实现非遗文化的传承与发展。

一、非遗文化数据库的集成与建档

数据库是一种集成，非遗文化种类繁多，复杂多样，近年来，国家各级政府主管部门的非遗文化普查、名录申报等积累了大量的闲散资料——基本数据信息（表格、文本、图片、音频、视频等）。通过数据库的建设与管理，可将这些非遗文化资源纳入数字化保护与管理机制中，有效提高入库管理效率。若想实现数字资料的集成与整合，就要实现不同数据结构之间的数字信息资料、硬件设备资源等的合并与共享，以分散、局部的信息数据为基础，通过非遗文化数字元数据标准等建立具有统一标准的数据集合。

非遗文化数据库的集成与建档是将各地的非遗文化项目进行系统化的整理、记录和保存，以便更好地传承和保护这些宝贵的文化遗产。要进行非遗文化数据库的集成与建档，通常需要以下步骤。

[①] 交互式网络电视（Internet Protocol TV，IPTV），是一种利用宽带有线电视网，集互联网、多媒体、通信等多种技术于一体，向家庭用户提供包括数字电视在内的多种交互式服务的技术。用户在家中可以有两种方式享受 IPTV 服务：一种是利用计算机，另一种方式是利用网络机顶盒+普通电视机。IPTV 能够很好地适应当今网络飞速发展的趋势，充分有效地利用网络资源。

第一，调查与收集。首先，需要对各地的非遗文化项目进行调查与收集。这可以通过走访、访谈非遗文化传承人、文化机构、民间团体等方式进行。收集的资料可以包括非遗文化项目的历史背景、技艺特点、传承人信息等。

第二，分类与整理。将收集到的非遗文化项目资料进行分类与整理。可以按照不同的非遗文化类型、地域、年代等进行分类，确保数据的组织结构清晰。

第三，建立数据库。使用专业的数据库管理软件，建立非遗文化数据库。数据库可以包含非遗文化项目的基本信息、图片、视频、音频等多种形式的资料，以便全面地呈现非遗文化项目的特点与内涵。

第四，标准化与规范化。在建档过程中，需要遵循一定的标准和规范，确保数据的准确性和可比性。例如，统一命名规则、采用标准化的分类体系等。

第五，跨机构合作。非遗文化数据库的集成往往涉及多个地区、多个文化机构的合作。建立跨机构的合作框架，共享资源和信息，有助于丰富数据库内容。

第六，数字化与在线化。将非遗文化数据库数字化，建立在线平台，使得数据可以更便捷地被公众访问和利用。这有助于促进非遗文化的传承与交流。

第七，公众参与。非遗文化数据库的建档不仅仅是专家学者的事情，也需要得到公众的参与与支持。鼓励社区居民、学生等广泛参与其中，增强文化传承的自觉性和活力。

第八，宣传与推广。建立了非遗文化数据库后，需要通过各种途径进行宣传与推广，提高公众对非遗文化保护的认识和重视程度。

非遗文化数据库的集成与建档是一个系统性的工程，需要政府、文化机构、学术界和社会各界的共同努力。通过有效的建档工作，可以更好地保护和传承非遗文化，让这些宝贵的文化遗产在当代得以传承与发展。

二、非遗文化数据库的功能架构

建设非遗文化数据库是提高入库非遗文化资源利用率的有效途径。文化遗产的数字信息是数据库的基础，也是数据库建设的根本。根据文化生态保护实验区文化遗产资源的总体情况，按照文化遗产的类别、文化脉络、文化内涵，将零散的、难以在物理空间集成的文化资料、实物资料通过数字网络技术集中在统一的数据库中。

第一，由非遗文化数字化参与主体。根据数字化技术标准在数据整合平台上协同，对非遗文化进行项目信息数据梳理、数字编码、整合编辑、数据加工、编目标引等工作；其次由数据库管理者将数据加载到存档库和发布库，支持用户全文、关键词、音视频检索等，以满足用户的基本需求。

第二，建立互动展示平台。数字化不仅仅是展示，还应具备人机互动功能。用户可以与数据库进行互动，同时此平台应设计为开放式的，根据用户权限可自行添加和补充文化遗产数据，鼓励和推动普通用户和本地民众参与构建数据库内容，其添加和补充的数据由后台协同审核。

第三，构建内容下载使用平台，非遗文化数据库的功能是传承优秀文化，使文化价值发挥最大效用，这个平台的功能包括在线学习、付费下载、内容定制等，主要为文化公益服务和产业应用提供文化内容和信息数据。

非遗文化数据库的建设，实现了文化遗产的数字资源管理，挖掘了文化遗产资源中的有效资源，将文化保护、传承与产业利用融为一体，有利于科学研究、经济转型、文化振兴等。

三、非遗文化数据库的保护与共享

非遗文化数字化资源相对于非遗文化实体本身来说，就是便于传播和共享。不论是从人对非遗文化资源的需求，还是从社会对非遗文化的认知、保护出发，通过网络信息技术实现资源共享是趋势，而最大限度地实现非遗文化资源保护和共享的手段就是建立数据库。数据库可以使非遗文化资源以数字形态整合以及使其利用价值最大化。

非遗文化数据库的保护与共享是确保非遗文化遗产得以长期传承和广泛传播的重要环节。在建立了非遗文化数据库后，需要采取措施来保护数据库内容的完整性和安全性，并鼓励其在合理范围内进行共享，使更多人受益于这些宝贵的文化资源。非遗文化数据库的保护与共享策略如下。

第一，数据库备份与安全。确保非遗文化数据库的数据得到定期备份，并存储在安全可靠的地方，防止数据丢失或损坏。

第二，权限管理。建立合理的权限管理机制，限制非遗文化数据库的访问权限。只有经过授权的人员才能访问敏感数据，确保数据的安全性和保密性。

第三，加密与防护。对非遗文化数据库进行加密处理，增加数据的防护措施，防止未经授权的访问和盗取。

第四，意识普及。加强对非遗文化数据库保护重要性的宣传与教育，提高管理者和参与者对数据保护的意识，形成共识。

第五，国家级支持。政府应该加大对非遗文化数据库的支持力度，制定相应的法律法规和政策，明确非遗文化数据的保护措施和责任主体。

第六，跨机构合作。鼓励不同地区、不同文化机构之间的合作，共同参与非遗文化数据库的保护与共享工作，共享资源和经验。

第七，数据共享平台。建立非遗文化数据共享平台，使得数据可以更广泛地被社会各界访问和利用。这有助于加强非遗文化的传播和交流。

第八，社区参与。鼓励社区居民、非遗文化传承人等参与数据库的共建和共享，让非遗文化成为社区的共同财富。

第九，跨国合作。在非遗文化保护与共享方面，不同国家之间也可以开展合作，促进跨文化的交流与理解。

第十，知识产权保护。对于非遗文化数据库中涉及的知识产权，如图片、视频等，要加强保护，防止侵权行为。

通过综合采取上述措施，可以有效保护非遗文化数据库的内容，同时推动非遗文化资源的共享和传承。这样，我们可以更好地传承和弘扬非遗文化，让这些宝贵的文化遗产在全球范围内得到传承。

第五节　非遗文化的沉浸式应用

虚拟现实（Virtual Reality，VR）作为 21 世纪的新兴媒体技术，以其引人入胜的交互性和身临其境的体验，引起了全球范围内的广泛兴趣。它将现实与虚拟世界相结合，使用户可以在虚拟环境中与数字内容进行互动。这种独特的交互方式使得 VR 成为一种引人入胜的传播方式。而在保护、传承和普及非遗文化方面，虚拟现实技术正发挥着越来越重要的作用，成为非遗文化沉浸式应用的重要推动力。

一、虚拟现实技术的特征与应用场景

（一）虚拟现实技术的特征

虚拟现实的交互性是指用户通过交互设备与计算机生成的虚拟环境中的对象进行互动。计算机根据用户的行为来产生视觉、听觉、嗅觉、触觉等多维度的反馈。举例而言，在军事体验类游戏中便可以感受到虚拟现实的交互性特征，用户通过佩戴头盔显示器并使用多个传感器，当其被"击中"后，便能感受到设备对其施加的力，产生生理上的痛感。用户与虚拟环境是一个双向感知的过程，和谐的人机环境有赖于良好的人机交互。人机交互是虚拟现实为用户提供体验、走向应用的核心环节。

虚拟现实的沉浸性是指用户的多重感官被计算机产生的三维立体图景所影响，用户从简单的观察者变为深度的体验者，沉浸在虚拟环境之中，获得了与在现实世界中同样的体验，形成了身临其境的感受。比如，潮州木雕制作工艺运用虚拟现实技术，可以超越传统影视媒介创造，拓展非遗文化的展示空间，给用户带来视、听、触觉等多维度的反馈，让参与者形成沉浸式的临场感。

虚拟现实的想象性，指用户沉浸在计算机产生的虚拟环境中，计算机与用户进行双向的互动并给予用户多维度的反馈，可以激发用户想象出超越现实的空间。在传统的阅读过程中，用户与纸质媒介缺乏互动，画面也局限在纸质的二维空间，不够立体与真实。而VR的融入可以改善上述问题，如图书与VR的结合可以改变传统的阅读习惯，用户尤其是青少年读者通过佩戴头盔式显示器，可以沉浸在虚拟环境之中，激发他们产生穿越古今的想象感。

（二）虚拟现实技术的应用场景

目前，虚拟现实的应用领域不断扩展，其应用场景主要可以分为三个方面：培训、娱乐与展示。

就娱乐层面而言，虚拟现实技术已被运用于游戏、体育和旅游等领域。虚拟现实的沉浸性特点给玩家带来了独特的游戏体验，有利于增强用户的参与感。目前，一些以虚拟现实为支撑的教育游戏已被引入中小学课堂，学生使用的VR头戴式设备可以同时产生不同的声音和画面，能够使学习者获得沉浸式体验的效果。

在体育教学中引入虚拟现实技术具有多重意义：虚拟现实可以迅速创建多样化的教学场景，能够提高教学效率；虚拟现实能够创建效果直观的假设模型，有利于优化教学过程。虚拟现实能够让旅游者体验旅游的虚拟化场景，并且有利于提升旅游的吸引力。

就展示层面而言，非遗文化数字博物馆是虚拟现实技术的应用场景之一。非遗文化数字博物馆能够以数字化的方式保护与存储非遗文化，并可以通过虚拟现实等技术还原与再现非遗文化，实现更为高效的展示与传播。建立非遗文化数字博物馆不仅能够实现对非遗文化进行整理和分类，加强非遗文化的传承与保护，而且能够实现资源在最大程度上的共享。

此外，数字博物馆通过虚拟现实等技术可以记录部分非遗文化的制作工艺，将保护范围拓展到非遗文化的活态层面。在教学领域引入虚拟现实技术能够解决传统课堂中互动性、情境性、沉浸性不强的问题。将虚拟现实技术应用于虚拟看房不仅能够节省消费者的精力，而且能够促进交易的达成。

二、虚拟现实技术弘扬非遗文化的优势

VR 技术可以生成逼真的视觉、听觉、触觉、嗅觉、味觉等一体化的虚拟情境，体验者借助一些特殊的输入/输出设备，采用自然的方式与虚拟世界中的物体进行交互，相互影响，从而产生亲临真实环境的感受和体验。

（一）VR 技术的展示直观性

VR 技术展示具有直观性，VR 技术由于具有直接的交互性。可以解决非遗文化在教科书中的传承带来的局限性和间接性，更直观地让学生获得感性的认识，获得直接经验的体会，增加对传统文化的兴趣，避免仅仅接触图片以及描述的时枯燥乏味。

（二）VR 技术的跨时空传递

VR 技术的出现为非遗文化的保护和传承带来了新的契机。通过虚拟现实技术，人们可以在现实中难以实现的情况下，仿佛穿越时空，亲临历史现场，近距离感受非遗文化的魅力。无论是远古的壁画艺术、传统的手工技艺还是民族音乐舞蹈，都可以通过 VR 技术得到还原和再现。这种全新的体验方式使人们能够更加深入地了解非遗文化的独特之处，从而更好地认知和理解传统文化的价值。

除了为当代人提供非遗文化的沉浸式学习体验，VR 技术还对传统文化的传承起到了积极的推动作用。在传统文化传承过程中，面临的一大难题就是年轻一代对传统文化缺乏兴趣和认知。然而，通过 VR 技术，这些古老的文化元素得以一种全新的、吸引人的方式呈现在年轻人面前。年轻一代不再被动地灌输传统文化知识，而是在积极互动中感受、体验和学习。这种创新的教学方式能够激发他们的学习热情，让传统文化得以在新时代焕发生机。

同时，VR 技术还为非遗文化的保护和传承提供了一种便捷高效的途径。传统文化遗产通常集中在某个地域或特定场所，面对宝贵而有限的资源，VR 技术可以在全球范围内共享这些文化宝藏。无论是位于遥远乡村的传统手工艺作坊，还是保存于博物馆的文物珍品，都可以通过 VR 技术展现在全球观众面前。这种无视时空界限的展示方式，将非遗文化传播范围扩大到一个全新的层面，有助于更好地保护和传承这些文化瑰宝。

总之，VR 技术的跨时空传递为非遗文化的保护、传承和普及带来了巨大的希望。通过 VR 技术，人们可以身临其境地感受非遗文化的独特魅力，加深对传统文化的认知。同时，VR 技术为年轻一代对传统文化的认同感和兴趣提供了新的渠道，有助于传统文化在

现代社会中焕发新的活力。随着技术的不断创新和普及，我们相信 VR 技术将为非遗文化的传承和发展作出更加重要的贡献。让我们共同努力，将非遗文化传承的火炬代代相传，让这些瑰宝永远熠熠生辉。

（三）VR 技术的交互性

沉浸体验，也叫沉浸理论、沉浸式体验，在心理学领域指：当人们从事一项活动时，如果他们全身心投入，集中注意力，过滤掉不相关的知觉，他们就会进入一种沉浸状态。VR 技术具有的良好交互性，使其可以创造出沉浸式的体验。对于文化传承来说，从某种意义上来说，借助 VR 让学生进行动手操作，完成了非遗文化的跨时空传承。

三、非遗文化的沉浸式应用实践

（一）制陶虚拟现实展示

下面以海南黎族制陶非遗艺术为例，论述非遗文化的虚拟现实展示措施。

1. 展示黎族制陶的过程

黎族传统的陶器多为生产生活的用具，造型简单，稚拙粗犷，集中反映恬淡的农耕生活方式。通过 VR 技术展现传统黎族制陶的流程步骤，还原黎族同胞制陶场景，可以不拘泥于成本与设备的束缚，能够更加直观地展示黎族传统制陶技艺和文化，体验者可以借助头盔显示器、数据手套等专用设备实时产生实际的效果，从而在构建出来的虚拟世界中使用自己的肢体动作来操作虚拟物象，从而在虚拟世界中完成制作体验，如果再辅助以 3D 打印技术，则可以把虚拟世界中的物象变成真实世界中的实体，达到跨时空文化传承的目的。通过这个方法，一方面我们可以通过 VR 交互体验的方式让观者参与到黎族制陶的过程中来，沉浸式的体验非遗文化带来直接的感官体验和对特色民族文化直观的感受。另一方面，通过 VR 的形式开展黎族制陶进校园活动，增加黎族的孩子对本民族文化的认同感，增强其他民族孩子对黎族文化和传统工艺的兴趣和认识。提升体验黎族文化和非遗文化技艺的途径，提高年轻一代对海南黎族社区的文化生态保护意识。

2. 搭建合格的 VR 技术使用平台

VR 技术是近几年新兴起的技术之一，关于其相关技术的运用还需要受到实践的检验。因此，在使用 VR 技术搭建使用平台的时候我们更加要注意遵守相关的法律法规。合格的 VR 技术服务线上平台是使用 VR 技术推进传统文化保护工程的基础，也是我们需要走好的第一步。平台的使用规则需要达成以下两个方面的要求，最基础的是符合关于相应区域的实际需求以及政策限制，如果不能符合当地政策需求，那么耗费了大量的时间精力搭建出的最终平台可能甚至无法使用，而不满足当地的需求会使得平台没有所谓的"用武之地"，即使搭建得再好，不符合区域的需求，那便是在做无用功。与此同时，还要对平台的知识产权进行有效的保护，民族特色传统手工艺品也应当受到知识产权法的保护，要注意在使用 VR 技术平台的时候不能侵害了传统手工艺者的利益，不然这无异于竭泽而渔，看似弘扬了传统文化，实则是把传统文化逼上了绝路。总之，我们要明确 VR 技术使用的初衷乃弘扬和发展非遗文化，因此，要一切以合法、保护、弘扬为重，挖掘商业价值放在次位。

3. 深入非遗文化特定区域，因地制宜融合

沉浸式体验的最大特点便是互动体验，强调人的主体性，体验过程中应给予观者更多主动参与其中的机会。观者在传统的民间艺术展览或展示展演中，只能通过被动的浏览信息完成观展。而沉浸式体验中观者可以根据自己的兴趣、爱好自由选择体验内容，在体验过程中，观者将不再是被动观看，是主动参与其中成为其中的一部分。

利用 VR 技术、灯光色彩、黎族音乐结合等设计形式，使体验空间"活"起来。让观者在体验海南黎族制陶的过程中，感受黎族民俗文化的魅力。每一项民间技艺的产生与发展都勤劳的人民智慧的结晶，背后的文化土壤息息相关，保护传统民间非遗文化技艺不能脱离地域文化的背景，将二者结合起来才能更加深刻地理解非遗文化的内涵。所以我们可以结合黎族的传统节日，通过 VR 技术与传统节日相结合的方式间接地展示我们的黎族制陶技艺，把黎陶放在节日文化的氛围中。海南黎族制陶与民俗活动的密切关系使得其很好地融合了少数民族特色文化，成为海南地域文化的载体，也使得自身能够传承发展，大放异彩。

总之，随着 5G 融媒体的发展与普及，通过 VR 技术弘扬非遗文化时我们需要把握住虚拟现实技术在弘扬非遗文化的三个方面的优势，VR 技术能够携带更多信息、VR 技术的展示具有直观性以及 VR 技术具有更好的交互性。我们相信，对于非遗文化来说，在确保立档、保护的同时更能促进其蓬勃发展。在 VR 技术的加持下，可以更加浸入地、无痕地、直观地融入非遗文化的保护和创新发展中，构造一个良好且不落俗套的文脉，给观者构建一个沉浸式的空间体验。

（二）云锦工具的虚拟现实传承

南京云锦凝结了中国古代丝织工艺的精华，是我国古代三大名锦之一。南京云锦使用

大花楼木织机来织造，大花楼木织机代表着中国古代织造技艺的最高成就。1949年南京解放时，全市能生产云锦的织机只有4台。1949年后，经抢救、扶持和保护，云锦技艺得到传承。保护与传承是非遗文化数字化的核心内容，虚拟现实具有互动性、想象性、交互性等特点，将其用于南京云锦的传承与教学之中将会起到事半功倍的效果。目前具备专业性水准的非遗文化技艺数字化传承条件已经成熟，将虚拟现实技术与南京云锦相结合，借助动作捕捉和数字化分析技术，总结云锦织造的技艺规律，能让学习者在更短周期内掌握云锦织造的技术要领。

虚拟现实通过采集大花楼木织机的影像与空间信息，实现了对织机实物的建模，保存了大花楼木织机的各项数据，为非遗文化的保护奠定了基础。用户通过佩戴VR设备，即可零距离了解大花楼木织机的构造和它整个的使用流程，体验大花楼木织机操作的复杂性以及织造产品的精美特征。交互性是虚拟现实的重要特点，用户在VR设备的帮助下，可以对大花楼木织机的结构进行拆分和组合，了解每个部件的结构和用途，形成巧妙的人机交互，有利于用户形成的沉浸式体验，增强了非遗文化传承的吸引力。

四、非遗文化的元宇宙传承

进入21世纪以来，人工智能、AR/VR/MR、区块链、云计算、5G等数字技术日趋成熟，虚拟与现实的边界随着科技的发展逐渐消失，元宇宙产业开始萌芽。现探讨结合科技手段让各种形式的非遗文化通过虚拟现实的方式呈现，使人们沉浸式体验多姿多彩的非遗文化。元宇宙是整合多种新技术而产生的新型虚实相融的互联网应用及其相关社会形态，它基于扩展显示技术提供沉浸式体验，基于数字孪生技术生成现实世界的镜像，通过区块链技术搭建经济体系，将虚拟世界与现实世界在经济系统、社交系统、身份系统上密切融合，并且允许每个用户进行内容生产和编辑。元宇宙以现实为来源和基础，通过技术手段的实现在虚拟的空间里进行拓展和延伸。真实世界里科学技术的不断进步发展推动了元宇宙的进化演变，而高度发展的虚拟世界又反作用于现实，两者相互影响，相互作用，从而构成一个和谐统一的有机系统。

（一）元宇宙与新型游览模式的建立

1. 新型游览模式的特征

为了更好地解决目前非遗文化传承面临的问题，可以利用元宇宙概念打开非遗文化传承的另一扇门，建立一种新型的虚拟现实游览模式。这种新型游览模式具备三个关键特征。

（1）更具沉浸性和真实感。通过对非遗文化在元宇宙空间的模拟现实，催生出沉浸性与真实感。在这种模式下，观者、表演者和非遗文化作品以虚拟的形态，营造出"共同在场"的情景氛围，可以提升观者对非遗文化的沉浸体验。

（2）穿梭时空的交互和社交感。在元宇宙中，基于每个人身份的可信数字化，可以完成多维和实时的交互，极大程度上还原了现实中非遗文化的表现形式和全部过程，为观者带来了全景式的交互体验。

（3）跳脱现实的自由和开放。广大受众在体验元宇宙中的非遗文化时，可以摆脱时空限制，一起交流学习，提出新的想法，从而使非遗文化更加靠近大众生活。由此可见，基于元宇宙概念，将虚拟与现实进行连接的游览模式不但是一种创新，而且是具有重要意义和作用的。

2. 新型游览模式的组成

元宇宙与新型游览模式的建立离不开技术的支撑，这些新兴技术主要由六种技术架构组成。

（1）通信基础，即5G、6G网络技术的搭建。只有网络环境具备极低的延迟和极快的数据传输速度，才能够使各种技术构建的虚拟场景正常运行，才能做到即使观者大量涌入也不会造成延迟和网络堵塞，才能让虚拟时空中的人们进行分享和交流。良好的通信环境可以同时承受大量的用户，让天南海北的用户一同欣赏全国各地的非遗文化。

（2）运算基础，云计算、边缘计算、泛在计算和人工智能架构形成了智能技术联通场域，完成"信息—物理—社会"之间的一种相互融通，从而促进硬件智能虚拟化和软件智能服务化，在元宇宙中产生更多活动形式。活动形式的多样性满足了非遗文化不同表现形式的需求，是新型游览模式的支柱。

（3）交互基础，即基于VR/AR/MR/XR，通过物联网技术、全息影像、脑机接口等技术，使虚拟空间中的参与者形成虚拟与现实之间的沉浸式体验。自然有趣的交互体验可以给用户带来愉悦，在提升用户体验的同时增加其在虚拟空间探索的欲望。

（4）生成逻辑，借助多种技术，推动人工智能的深度学习，让参与者获得更佳体验。

（5）资源生成，即通过技术手段加强虚拟空间与现实物理世界的关联，从而构建出更多细节。

（6）认证机制。网络时代信息安全需要得到保障，利用区块链技术具有分散性、可靠性、安全性、数据共享等特点，完成元宇宙中的身份认证保障系统，使参与者的数据具有安全保障。元宇宙技术的发展具有重要意义。

3. 新型游览模式的设计建立

基于元宇宙具有的特征和背后所需的技术架构，新型游览模式的设计建立分为以下步骤。

（1）前期的展馆搭建过程比较复杂，鉴于非遗文化的多样性，需要提前进行非遗文化分类。展馆可打破地域的限制，让受众看见同一类型下的带有地域特色的非遗文化百花齐放。由于展品信息录入、技艺虚拟线上表演以及展馆空间建模都需要技术支撑，所以前期的技术准备工作必须完成。接着就是对非遗文化展馆的空间设计，由建筑设计与环艺设计的专业人员进行，将中国传统元素与当下流行的设计元素相结合，最终完成方案的拟定。展馆搭建离不开各项非遗文化传承人的鼎力支持，对传承人在展馆这一虚拟空间中的身份认证也需积极落实。

（2）完成一系列设计搭建工作后，虚拟展馆的前期宣传推广工作也不容小觑。各平台推广工作应有序进行，推广形式的选择和设计需仔细推敲打磨，为虚拟展馆的开放打好基础。

（3）开放游览期间，用户将大量涌入，平台在运营和维护的同时，可以在将用户的信息整理收集后反馈给大数据分析平台，使之调整改进方向，推动非遗文化虚拟展馆的进步与成熟。

总之，可以预见新型游览模式的建立在推动非遗文化传承之路上具有巨大潜力。元宇宙重塑了科技、人、文化的逻辑关系，为非遗文化的传承和广大群众构建了一个虚拟展馆，使各地区的文化得以相互交流，增加了非遗文化的受众面。这个虚拟展馆并非对现实世界的完全复制，也并非一个纯粹的独立空间，而是作为现实世界中那些文化展馆的延伸和创新，对现实世界的局限性进行弥补，形成独特的文化场域。基于六大技术架构，在虚拟空间中完成各种表现形式的非遗文化传播，通过互动增加观者沉浸性，继而整理线上数据进一步改进和发展非遗文化的元宇宙游览模式，是线下科技助力非遗文化传承发展的极佳途径。当下推进非遗文化深度融入广大群众生活需要一个帮助其摆脱时空限制与自身表现形式等的药方，而元宇宙新型游览模式正是一剂良药。

（二）元宇宙传承的实践

下面以苗族银饰为例，论述苗族银饰的元宇宙传承。苗族银饰的起源与苗族民族文化历史是息息相关、交相辉映的，其蕴藏深厚丰富的民族文化内涵。作为国家级非物质文化遗产，需要更多的且更规范的渠道传播，元宇宙的出现，为苗族银饰非物质文化遗产的传承与传播提供新的发展契机，为保护苗族银饰的文化生态提供载体，为苗族银饰的传承与发展营造出新的领域,也为苗族银饰文化的传播搭建新的平台。充分利用多领域数字化平台,对非遗文化进行传承保护逐渐成为当下的新潮流与新趋势。

元宇宙视域下苗族银饰的保护路径如下。

1. 元宇宙技术引领进入新领域

匠人,是苗族银饰文化的传承者、构建者和解读者,匠人的培养是苗族银饰文化传承的关键一步。突破传统的传承方式,利用元宇宙技术突破时空桎梏,让更多的人了解到苗族银饰的魅力,增加更多的受众成为传承人的概率。传承的突破不仅仅是技术上的创新,更需要在其艺术创作上做到创新与突破。数字传播时代都讲究联合发展,跨界联合能够为传统文化在现代潮流平台中搭建传播渠道,将传统与现代融合,使得传承匠人的思维突破局限,做到将传统与潮流结合,创新出符合现代审美趋势下的苗族银饰产品,进一步增加其市场价值与文化内涵。

2. 元宇宙加持扩大区块链结构

苗族银饰作为民族传统饰品,其对苗族人民有着不一样的意义,其因独特的纹饰、制作工艺而受到更多人的喜爱,但是作为民族文化浓厚的物品,其对外族消费者来说,能够让他们沉浸在苗族的民族文化之中,感受器物之美、体会民族文化之美,除了需要通过传统的银饰来传递民族文化,苗族银饰还需要融合现代文化,把握当下的消费趋势,抓住越来越多的游客。当前的银饰产业在当地旅游业的发展中无法突破,数字化产业将会是一个很好的突破方向。

当前元宇宙的经济要素主要包括数字创造、数字消费、数字资产、数字市场、数字货币,作为一个闭环运行的经济系统,用户在元宇宙中可以进行创造与交易,并获得回报。苗族银饰产品作为民族特色显著、文化内涵浓厚的产品,能够很好地在数字世界打造专属区块链,能够在元宇宙世界形成非常好的消费新形势和发展新空间。在实体产业区块链快速发展、元宇宙数字产业区块链的协同发展下,苗族银饰的产业与文化传播将会拥有更加鲜活的生命力。

3. 元宇宙多平台协同发展

苗族银饰是苗族民族文化中不可或缺的一部分,元宇宙技术的出现,实现了时间、空间与人物等多方面的突破,做到了信息在虚拟世界与现实世界之间的传播。苗族银饰的美感不仅仅是从单个银饰物品的细节所传达,更是从其成套的银饰搭配上苗族特有的服饰与舞蹈,将苗族银饰的美感体现得淋漓尽致。

元宇宙的应用,能够在虚拟的世界打造银饰王国。从数字化平台在社会中的普及程度来看，苗族银饰的传承人应当学会如何使用数字技术，通过对苗族银饰进行数字化保存，包括高清摄影、三维扫描、模型构建等技术，以便进行虚拟化展览或通过数字博物馆的形式进行展示和传播。利用元宇宙平台，创新话语体系，改变"发言人"传统姿态，提高舆论管理能力，以此提升传播价值。

总之，苗族银饰的锻造技术精细巧妙，银饰纹样丰富多彩，文化韵味浓厚。而在现代文化的冲击下，苗族银饰文化慢慢淹没在文化的海洋，传播空间的萎缩、传承方式的脆弱使得苗族银饰的传承处于困境。将数字技术融入苗族银饰的传承之中，数字化的保护路径能够更好地保护苗族银饰的传承制度、主体和环境，以元宇宙为基础，利用虚拟现实技术、5G网络技术、区块链技术、数字孪生等，实现非物质文化遗产苗族银饰的记录、创新与传播。数字技术的加持，能够将苗族银饰的锻造步骤、纹饰纹样转换成数字形态，以数字形式的文化艺术作品更加直观地表现苗族银饰的锻造美、纹样美，推动苗族银饰的传承与发展。

参考文献

[1] 张悦群,钟蕾.基于文化记忆理论的非遗文化公共设施设计策略探究[J].包装工程,2023,44(14):217-223.

[2] 冷益虎.湖湘非遗文化视阈下地方农产品包装设计研究[J].绿色包装,2023,(07):113-116.

[3] 李琳.指向传承的记录——基于四川省级非遗代表性传承人记录工作的回顾与思考[J].四川戏剧,2023,(05):108-110.

[4] 曹伟锋,韩卫娟.游戏媒介视域下非遗文化传播策略研究[J].视听,2023,(07):148-151.

[5] 黄琴.非遗文化赋智赋能乡村全面振兴的理路[J].阿坝师范学院学报,2023,40(02):69-75.

[6] 吴泓毅.中国非遗文化现状与保护研究[J].大众文艺,2023,(12):1-3.

[7] 蓝颖,魏宇莹.文化生态视角下广西京族哈节非遗文化传承探析[J].无锡商业职业技术学院学报,2023,23(03):76-80.

[8] 吴建宏,王莉.非遗文化品牌的数字化转型与传播探析[J].科技传播,2023,15(12):84-87.

[9] 黄秋儒,杨帆,沈艾雯.基于传统"非遗"文化的互动游戏设计研究[J].包装工程,2023,44(12):235-239+249.

[10] 邢小婷.非遗植入乡村民宿的宁波实践研究[J].浙江工商职业技术学院学报,2023,22(02):29-32.

[11] 吴德强.试谈非遗文化视角下惠安石雕的产业化发展[J].雕塑,2023,(03):86-87.

[12] 冯亚,陆梦涵.NFT在非遗数字化文创品中的应用[J].山东艺术,2023,(03):6-13.

[13] 宋琪,徐鑫.非遗文化传承创新人才培养探讨[J].合作经济与科技,2023,(14):

91-93.

[14] 周俊炜. 区域非遗文化与高校美育契合性提升策略研究［J］. 中学地理教学参考, 2023, (15): 91-92.

[15] 张雪梅, 黄璟. 苗族侗族非遗传承人培育模式构建研究［J］. 贵州社会科学, 2023, (03): 107-113.

[16] 孙正国. 非遗传承人口述志的理论拓展及其文化价值［J］. 湖北民族大学学报（哲学社会科学版）, 2023, 41 (01): 123-133.

[17] 陈亚芳, 王俊洁. 重庆地区非遗舞蹈传承人保护现状、问题及对策研究［J］. 北京舞蹈学院学报, 2022, (06): 64-71.

[18] 高娅娟, 徐志伟. 数字虚拟技术赋能广州牙雕"濒危秘技"非遗文化保护［J］. 装饰, 2022, (05): 142-144.

[19] 曾凡清. 基于中国传统服饰的非遗文化传承与保护［J］. 印染, 2022, 48 (02): 90-91.

[20] 刘中强, 王定宣等. 文化治理视域下体育非遗的文化空间建构研究［J］. 沈阳体育学院学报, 2021, 40 (05): 138-144.

[21] 邓天白, 薛晓军, 徐国磊. 档案视角下的非遗保护"扬州样本"［J］. 中国档案, 2021, (08): 42-43.

[22] 艾宏伟. 对高职构建区域文化资源"1+1协同融合"育人体系的思考［J］. 教育与职业, 2021, (03): 48-52.

[23] 曲雪梅. 区域推进非遗课程进校园［J］. 基础教育课程, 2020, (22): 25-29.

[24] 秦树景. 非遗文化生态保护中的文化权利研究［J］. 东岳论丛, 2019, 40 (08): 41-49.

[25] 葛艳奇. "非遗"文化在新媒体时代的呈现与传播［J］. 传媒, 2019, (08): 76-78.

[26] 刘洁, 刘建. 非遗传承: 地方戏曲进校园的区域样本［J］. 教学与管理, 2018, (13): 15-16.

[27] 夏雨. 当代中国文化自信的来源与发展——评《当代中国文化自信研究论纲》［J］. 中国教育学刊, 2023, (05): 154.

[28] 刘畅. 乡村振兴视域下音乐类非遗文化的活态传承研究［J］. 山东农业工程学院学报, 2023, 40 (03): 101.

[29] 王继平. 非遗文化保护传承在群众文化活动中的地位和作用［J］. 黄河. 黄土. 黄种人, 2022, (21): 38.

[30] 丘雨轲. 非遗文化体验的服务设计研究［D］. 广州：广州大学，2021：1.

[31] 刘少艾，林迎星. 游客参与、真实性感知与非遗文化旅游价值开发［J］. 福建论坛（人文社会科学版），2020，（12）：99.

[32] 谢琳，王茂敏. 扬州非遗文化在文创产品设计中的应用研究［J］. 美术教育研究，2021，（20）：86-87.

[33] 景智. 非遗数字化保护的探索与实践——非遗文化下数字语境的表现［J］. 中国多媒体与网络教学学报（上旬刊），2020，（05）：174.

[34] 罗方雅. 技术视野下非物质文化遗产保护的数字化［J］. 四川戏剧，2015（02）：125.